일본의 집단적 자위권 도입과 한반도

SNU일본연구총서 08

일본의 집단적 자위권 도입과 한반도

초판 1쇄 인쇄 2016년 8월 25일
초판 1쇄 발행 2016년 8월 30일

엮은이 박철희
펴낸곳 서울대학교출판문화원
펴낸이 성낙인

책임 편집 전수형
디자인 최선아

출판등록 제15-3호

주소 (08826) 서울 관악구 관악로 1
대표전화 02-880-5252 | 팩스 02-888-4148
마케팅팀(주문상담) 02-889-4424, 02-880-7995
이메일 snubook@snu.ac.kr
홈페이지 www.snupress.com

ISBN 978-89-521-1845-5 94340
978-89-521-1086-2 (세트)

이 책은 2008년 정부(교육과학기술부)의 재원으로 한국연구재단의 지원을 받아
수행된 연구임(과제번호 NRF-2008-362-B00006)

일본의 집단적 자위권 도입과 한반도

박철희 엮음

서울대학교출판문화원

머리말

일본의 집단적 자위권 도입은 한국에서 많은 논란을 불러일으키고 있다. 집단적 자위권이란, 외부 세력이 자국을 침략했을 때 개별적으로 방위하는 개별적 자위권과는 달리, 자국의 동맹국이나 우호국이 제삼국으로부터 공격을 받았을 경우 이를 자국에 대한 공격으로 간주하여 공동으로 대응하는 권리를 말한다. 개별적 자위권이 민법상의 정당방위에 해당하는 것이라면 집단적 자위권은 공동 방어를 의미한다.

집단적 자위권 자체는 유엔 헌장에도 명시되어 있듯이 어느 나라든 가지고 있는 권리라고 할 수 있다. 미일 간에 맺은 샌프란시스코 조약에서도 이를 인정하고 있고 일소 평화우호조약에서도 확인된 바 있다. 그럼에도 불구하고 평화헌법을 가진 일본은 전후(戰後) 줄곧 '집단적 자위권의 권리는 보유하고 있지만 이를 행사할 수 없다'는 해석을 지켜 왔다. 평화헌법 제9조에서 전쟁 포기, 전력 불보유 및 교전권 부인을 선언하고 있기 때문에 일본은 제삼국과의 분쟁에 휘말리는 것을 적극 꺼려 왔던 것이다. 말하자면 동맹의 국제정치에서 방기(abandonment)의 우려보다는 연루(entrapment)의 우려가 더 컸기 때문에 일본은 집단적 자위권의 용인을 거부해 왔다.

일본은 평화헌법의 존재에도 불구하고 1991년 걸프전쟁에 130억 달러의 전비(戰費)를 각출하였지만 국제사회에서 냉대를 받았다. 그 쓰라린 경험을 바탕으로 일본은 자위대의 해외 파견을 용인하는 이른바 평화유지활동(PKO)법을 1992년에 국회에서 통과시킴으로써 자위대가 유엔이 주도하는 평화유지활동에 참여할 수 있는 길을 열어 놓았다. 1998년 북한이 대포동 미사일을 발사한 이후에는 유사사태법을 제정하고, 그 일부로 '주변사태법'을 제정하여 일본 자위대가 일본 주변 지역에서 일어나는 유사사태에 관여할 수 있는 근거를 마련하였다. 일본 자위대가 미군의 활동을 후방지원하는 역할을 보다 적극적으로 규정한 것이었다. 나아가 2001년 9·11 테러가 발생한 직후 일본은 민주주의 공동 수호를 외치면서 미국과 더불어 반테러전쟁의 일각을 담당할 것을 선언하였다. 그 구체적 행동으로 고이즈미 준이치로(小泉純一郎) 수상은 이라크특별조치법을 만들어 한시적으로 전투 지역에까지 일본 자위대를 파견할 수 있는 단초를 마련하였다. 따라서 1990년대 중후반 이래로 일본은 자국의 안보뿐만이 아니라 지역 및 국제사회의 안보에 적극 가담하는 방향으로 방위정책을 수정해 온 것이 사실이다. 평화헌법하에서의 소극적·수동적 방위정책이 아니라, 지역 및 국제 안보를 자위대 임무의 하나로 삼는 적극적·능동적 방위정책으로의 이행이 나타난 것이다.

아베 신조(安倍晋三) 수상은 이에서 더 나아가 동맹국인 미국이 제삼국에 의해 공격당했을 경우 미국과 함께 제삼국에 대항하는 권리로서의 집단적 자위권을 용인하는 방향으로 한발 더 내디뎠다. 중국의 부상이 세계적으로 논의되는 가운데 일본은 2010년 센카쿠(尖閣)를 둘러싼 중일 간의 분쟁으로 중국을 발원지로 하는 안보위협을 강력하게 감지하면서, 미국과의 동맹 강화를 통해 본토 방어 의지를 강화해 가고 있다. 즉, 중국의 부상을 일본에 대한 안보위협으로 인식하는 국제정세 인식이 일본의 방위정책에 대한 근본적인 수정을 가져오고 있는 것이다. 그 예로 2010년에 제정한 방위계획대강에서는 '동적 방위'의 개념이 등장하였고, 이 개념은 기존의 방위계획대강에서 전략의 근간을 이루어 왔던 '기반적 방위력 구상'을 전면적으로 개편하는 계기가 되었다. 다시 말해서, 일본의 방위력은 단기간에 걸친 '힘의 공백'을 메꾸는 최소한의 전력이 아닌, 일본의 방위 및 지역 방위를 위한 탄력적이고 가변적인 방위전략 구상으로 전환하기 시작한 것이었다.

다른 한편으로 미국의 국방전략이 세계의 파수꾼으로서 적극적인 군사개입을 통해 국제사회를 안정화시킨다는 전략으로부터 필요 최소한의 개입으로 전환되면서, 미국의 방위비가 대폭 삭감되었다. 10년에 걸친 4천억 달러 상당의 방위비 삭감은 미국의 동맹국인 일본으로 하여금 지역 방위에 대한 불안감을 더해 주었다. 미국이 중동 지역 및 아프가니스탄에서 철수하면서 중국의 부상을 염두에 둔 '아시아로의 회귀(Pivot to Asia)' 및 '재균형 전략(rebalancing)'을 통해 아시아로의 회귀를 주창하였지만, 일본의 정책수뇌부는 미국의 지역안보 관여에 불안감을 가지게 되었다. 냉전 시대에 일본은 미국의 지역안보에 연루되는 것을 우려했지만, 이제 일본이 방기되는 사태를 강하게 우려하게 된 것이다. 따라서 미국의 지역안보 관여를 장기간 유지시키기 위한 전략의 일환으로 미국의 관여를 도와야 한다는 발상이 고개를 들었다. 일본의 집단적 자위권 용인은 이러한 국제정치적 맥락에서 대두되었다고 할 수 있다. 일본이 한반도 및 주변 지역에서의 안보 역할에 그치지 않고 국제사회 전반에 걸친 안보 역할의 확대를 추구한다는 방침과 미국의 지역 방위전략을 적극적으로 도와야 하겠다는 인식의 일치가 미일동맹의 강화라는 맥락에서 집단적 자위권을 용인하는 방향으로 나아가게 하는 정책 환경을 만들어 낸 것이다. 따라서 미국이 일본의 집단적 자위권을 긍정적으로 해석하고 이를 지지하는 입장을 관철한 것은 미국의 입장에서 보면 당연한 귀결이었다.

그러나 일본의 식민지 경험을 가진 한국과, 전쟁 경험을 가진 중국은 일본의 적극적인 안보 역할의 확대에 대해 부정적인 인식을 강하게 내보였다. 한중 양국에서 공히 일본이 '전쟁을 할 수 있는 나라'로 전환되면서 지역의 안정과 평화를 위협할 수 있는 '가해자 국가'로 다시 돌아갈 수 있다는 우려의 소리가 높아졌다. 이는 과거의 역사적 경험을 현재에 투영시킨 인식의 발로였다. 특히, 한국에서도 일본이 집단적 자위권을 행사할 경우 한국의 사전 승인 없이 한반도에서 자위대가 군사작전을 전개할 가능성이 있다든지, 또는 한반도 유사시에 독도를 침탈할 수도 있다는 논리로까지 확산되어 나갔다. 일본 정부가 거듭 한국 정부의 사전 승인이나 요청 없이는 한반도에서 자위대의 군사활동이 없을 것이라고 확인함에도 불구하고 일본을 둘러싼 의구심은 사라지지 않고 있다. 일본의 집단적 자위권 및 안보법제의 도입은 주변국의 눈으로 보면 분명 '방위수정주의(defense revisionism)'에 해당한다. 즉, 일본의 방위정책의 근간을 흔들면서 새롭게 방위 역할을 규정하고 자위대 활동의 범위를 확대하려는 현상변경적 요소를 강하게 가지고 있다는 것이다. 이 같은 방위수정주의적 자세가 아베 정부가 표면화시키고 있는 '역사수정주의(history revisionism)'와 함께 겹쳐지면서 일본에 대한 의구심은 팽창되었다. 즉, 일본이 전전(戰前)의 일본에 대한 철저한 반성과 사죄 없이 오히려 침략주의적 요소를 부정하거나 미화하는 경향이 정계 일부를 중심으로 나타나면서 군사적 역할의 확대는 일본의 군국주의적 질서로의 회귀 내지 군사대국화의 일환이라는 논리가 통용될 수 있는 인식의 기초를 만들어 냈다.

일본 자국 내에서 벌어진 집단적 자위권 용인에 대한 논란이 한국에 파급되는 것은 동시대의 당연한 현상이다. 나아가 한국에서는 집단적 자위권에 대한 부정적 인식의 확산이 두드러진다. 역사적으로 일본의 군사적 팽창주의가 한국을 피해자로 만든 사실을 직시한다면 당연한 현상이다. 하지만 두 가지 의미에서 집단적 자위권에 대한 부정 일변도의 논의는 한국에 모순적이다. 하나는, 한국이 일본과 더불어 동아시아를 대표하는 미국의 동맹국이라는 사실이다. 미국이라는 한국의 동맹국이 제삼국으로부터 공격을 당할 경우 제삼국이 아닌 미국을 도와야 한다는 것은 지극히 상식적인 결론이다. 그리 보자면, 미국의 동맹국인 일본이 미국을 돕겠다는 마당에 한국이 반대하거나 부정적인 여론을 전개하는 것은 정치·외교적으로 부담이 아닐 수 없다. 그래서 일본의 집단적 자위권 도입은 한국에게 이중적이다. 또 한편으로 일본은 한반도 유사시 한국을 도와 한국의 안보를 보장해 주는 중요한 지렛대이다. 일본 내에 위치한 7개의 유엔사령부 기지를 활용하지 않고, 또한 일본 내의 주일미군기지를 활용하지 않고서는 한국의 안보를 제대로 보장할 수 없다는 것은 방위 전문가들의 공통적인 견해이다. 그렇다면, 동맹국인 미국을 돕겠다는 일본의 집단적 자위권 도입은 한반도 유사시 한국을 적극적으로 위기에서 탈출시킬 수 있는 근간이 된다. 이 점에서도 일본의 집단적 자위권 도입은 이중적이다. 한편으로 위협적으로 보이지만 다른 한편으로 한국에 도움이 된다는 의미에서이다.

이 책에 실린 여섯 편의 논문은 이처럼 복합적이고 복잡한 일본의 집단적 자위권 도입의 국제정치적 역학을 일목요연하게 설명하고자 하는 시도이다. 당초 서울대학교 일본연구소의 학술기획으로 마련된 이 논문들은 다음과 같은 세 가지의 기획 의도를 가지고 준비되었다.

첫째, 집단적 자위권에 대한 이해를 한반도 중심의 닫힌 공간에서 끄집어내어 보다 지역적이고 국제적인 전략적 공간 내에서 이해해 보려는 시도이다. 한반도와 남북한 관계 또는 한일관계라는 양자적 이해의 구도에서 벗어나 공간적으로 광역적인 시각에서 집단적 자위권은 어떻게 이해되는가 하는 것이다. 그러한 의미에서 제1장 봉영식의 논문과 제2장 임재환의 논문은 집단적 자위권의 도입을 미일동맹과 일본의 지역안보위협 변화라는 맥락에서 파악하고자 한다.

둘째, 집단적 자위권의 도입을 일본의 방위전략 변화라는 시간적 맥락에서 복합적이고 입체적으로 이해하려는 시도이다. 일본의 방위정책 변화는 이미 아베 정부 이전에도 시도되었으며, 어찌 보면 축적적인 결과물로서 제시된 것이다. 또한 집단적 자위권 하나를 따로 떼어내어 생각하기보다는 국가안전보장전략, 방위계획대강, 미일 안보협력 가이드라인 등 중요한 축들과의 연관성 속에서 파악해야 한다. 그러한 의미에서 제3장 박영준의 논문은 안보법제와 집단적 자위권 도입에 대한 통합적·입체적 이해를 돕고자 마련되었다. 또한 제4장 송화섭의 논문은 일본의 방위정책의 시계열적 발전의 맥락 속에서 집단적 자위권 도입의 어떠한 연속성과 단절성을 보이는가를 추적하고 있다.

셋째, 일본의 집단적 자위권의 도입을 한국의 입장에서는 어떻게 대응해야 하는가를 알아보려 하였다. 집단적 자위권은 팽창적 요소만 있는 것이 아니라 제한적이고 한정적인 요소도 가지고 있으며, 동시에 비연속적이며 단절적인 시발(始發)이라는 측면도 아울러 가진다. 이러한 다양한 성격의 집단적 자위권 도입에 한국은 어떻게 대응할 것인가를 다룬 논문이 제5장과 제6장이다. 제5장 이기태의 논문은 동맹의 변환구조 속에서 미일동맹과 한미동맹을 어떻게 선순환시킬 수 있을까를, 제6장 조세영의 논문은 일본의 방위정책 재구성의 맥락에서 한국의 외교안보전략을 어떻게 재구성할 것인가를 다루고 있다.

집단적 자위권에 대한 정확하고 객관적인 이해는 그리 간단하지 않다. 특히 시공간적인 측면과 국제관계의 변화라는 유동적 요소를 감안한다면 현재 진행 중인 정책 변화의 진면모를 잡아낸다는 것은 여간 지난한 일이 아니다. 하지만 이 책에서 집단적 자위권에 대한 다층적인 논의가 일본의 집단적 자위권 도입을 보다 넓고 깊게 이해하는 단초가 될 수 있다면 더 바랄 것이 없다.

좋은 논문을 보내 주신 필자들, 좋은 책을 만들기 위해 수고해 주신 서울대학교출판문화원 관계자들, 그리고 원고 수합과 정리 등에 고생을 해주신 일본연구소 여러분께 이 자리를 빌려 감사드린다.

2016년 7월
서울대학교 일본연구소장
박철희

차례

제3장 일본 아베 정부의 보통군사국가화 평가

제4장 일본 안보법제의 지속성과 변화

제5장 미국과 일본의 안보협력과 한국의 안보전략

〈표 차례〉

제1장

미일동맹 글로벌화와 일본의 집단적 자위권 도입

봉영식

1. 들어가는 말

일본 아베 신조(安倍 晋三) 정부는 2012년 집권 2기 시작부터 적극적으로 일본 자위대의 집단적 자위권(right of collective self-defense)을 주장해 왔다. 아베 정부는 일본판 국가안전보장회의(National Security Council, NSC) 창설, 특정비밀보호법 제정 등 일련의 조치를 통하여 전후(戰後) 체제에서 탈피하여 미일동맹을 강화하고 자체 방위력을 증강시키려는 노력을 기울여 왔다. 아베 정부는 2013년 12월에 국가안전보장전략(이하, 국가안보전략) 수립 및 방위계획대강(National Defense Program Guideline) 개정, 2014년 4월 무기수출금지 3원칙 폐지 및 방위장비이전 3원칙 발표, 2014년 7월 집단적 자위권 용인에 관한 각의 결정을 거쳐 2015년 4월에는 미국과 미일 방위협력지침(이하, 가이드라인)을 개정하였다. 같은 해 9월 11개의 안보법제 성립으로 마침내 아베 정부의 안보전략 수정이 마무리 단계를 맞이하였다. '부국무병(富國無兵)'의 '요시다 독트린'은 이제 과거의 일이 되었고, '적극적 평화주의', '보통국가'와 '강한 일본'이 일본의 새로운 방위정책 슬로건으로 자리 잡았다.

일본의 이러한 변화는 외적 동인인 국제안보환경의 변화와 내적 동인인 국가정체성 재확립 추구가 복합적으로 작용한 결과라고 할 수 있다. 외적 동인과 내적 동인은 앞으로도 상호 영향을 주고받으며 아베 정부와 그 이후 일본의 안전보장정책(이하, 안보정책)을 결정할 것이다. 미일동맹의 글로벌화와 일본 자위대 활동과 역할 확대는 이제 새로운 현실로 등장하였다. 특히 국제 테러 위험의 확산과 2015년 한일간 일본군 위안부 문제 타결 선언으로 이러한 추세는 계속될 것으로 보인다. 한국의 경우 이러한 새로운 안보환경의 도래를 계속 부정하기

보다는, 국가이익 실현 차원에서 이에 대하여 어떻게 적절히 대처할 것인가를 심사숙고해야 할 것이다.

2. 일본의 집단적 자위권 도입의 역사적 배경

2015년 일본의 집단적 자위권 도입은 아베 정부 집권 이후 일본 보수파의 전격적인 정치 공세나 미국의 압력으로 갑자기 결정된 것이 아니다. 일본의 집단적 자위권 도입은 제2차 세계대전 일본의 패전 이후 일본의 강화와 함께 등장한 미일동맹이 1990년대 초반 냉전의 종식과 함께 근본적인 변화를 맞이하게 되면서 이미 논의가 시작된 것으로 봐야 한다. 냉전 종식으로 미국과 일본의 공동안보위협이었던 소련이 사라지면서 미일동맹은 새로운 토대에서 재정립되었고, 그 맥락에서 일본 자위대의 역할에 대한 논의가 자민당 지지세력을 중심으로 시작되었다. 1991년 걸프전 당시 일본의 가이후 도시키(海部 俊樹) 정부가 소위 '수표 외교' 형식으로 다국적군 활동에 참여하고 거센 국내외의 비판을 받은 후, 일본은 일본 자위대의 활동 없이 국제평화안보에 기여하는 실질적인 책임 국가가 되기에 한계가 있다는 여론이 형성되었다. 더불어 중국이 군사대국과 경제 강국으로 급속히 부상하고 북한이 핵무기와 장거리 미사일 능력을 개발하게 되면서, 일본 국내에서 안보와 생존에 대한 우려가 깊어지게 되었다. 일본이 미일동맹의 틀과 경제적 기여 외교에 안주하면서 국제안보환경에 더 이상 효과적으로 대응할 수 없다는 위기감이 확대되었고, 주권국가로서 일본이 능동적으로 국가안보문제에 대처할 수 있는 역량을 확보해야 한다는 주장이 힘을 얻게 되었다.

냉전 기간 동안 일본은 미일동맹의 틀에서 미국 동북아 정책의 후방기지라는 역할을 담당하였고, 자위대 능력 강화를 통하여 동맹에 이바지하는 방식을 고수하였다. 1990년대 초반 유럽에서 독일의 통일과 소련의 붕괴로 냉전체제가 공식적으로 종결되자, 그 여파가 동북아시아에도 미치게 되었다. 사회주의 진영 대 자본주의 진영이라는 이데올로기 경쟁에 기초한 군사협력체제의 근본적인 수정이 불가피해졌으며, 미일동맹도 예외가 아니었다. 유일 패권국가이자 동맹국인 미국의 안보전략은 탈냉전 시기 초반 다자적 안보체제를 통한 국제평화와 안보 실현을 추구하였고, 이에 일본은 집단적 안전보장과 국제평화협력에 기여한다는 국제기여 차원의 안보전략으로 호응하였다.

비록 미일동맹과 유엔체제라는 틀에서 벗어나지 않았지만, 일본 자위대의 역할 확대는 개념적 차원의 논의가 아니라 긴요하고 실질적인 정책적 선택의 차원에서 논의되었다. 탈냉전 시대를 맞이하여 일본이 국제사회의 책임 있는 일원으로서 미일동맹 강화, 유엔 평화유지활동 참여, 국제기여 차원에서 세계 안보와 평화에 기여를 확대해야 한다는 견해가 혁신세력에서 확대되었다. 혁신세력은 일본의 국제기여 확대를 전후 평화헌법의 틀 안에서 비군사적 방법을 통하여 추구해야 한다는 입장을 취한 반면, 보수세력 일부는 일본 자위대의 역할을 적극적으로 해석해야 하고 이를 위한 법제 정비가 필요하다고 주장하였다.[1]

---

[1] Masaru Kohno, "The Domestic Foundations of Japan's International Contribution," in Thomas U. Berger et al.(eds.), *Japan in International Politics: The Foreign Policies of an Adaptive State*(Boulder and London: Lynne Rienner

냉전 종식 이후 일본 정치권과 학계에서 일본 자위대의 역할 확대는 미일동맹주의, 국제주의, 그리고 신현실주의 세 가지 입장에서 논의되었다.[2] 미일동맹주의자는 새로운 안보환경하에서 미일동맹의 진화 차원에서 일본 자위대의 역할 강화를 논의하였고, 국제주의자는 일본 자위대의 활동을 유엔의 권위와 전후 일본 평화헌법의 틀을 벗어나지 않는 한도 내에서 허용할 수 있다는 입장을 고수하였다. 신현실주의자는 일본은 미국의 리더십이나 국제기구의 권위에 전적으로 의존하는 과거의 행태에서 벗어나, 명확한 일본 고유의 판단 근거와 기준에 따라 일본의 안보위협에 대응해야 한다고 주장하였다.

최근 아베 정부의 일본 집단적 자위권 도입 결정은 일본의 안보담론이 신현실주의 성향으로 기울어진 데 따른 결과라고 할 수 있다. 1990년대부터 일련의 사건들을 경험하면서, 일본 정치권 내에서는 보수파를 중심으로 일본 정부가 자국의 안보정책 결정에 동맹국 미국과 국제기구에 지나치게 의존하고 있다는 비판이 제기되었다. 1990년대 초 코소보 사태와 동티모르 분쟁 당시 동맹국인 미국과 안정화 전략의 목표 설정을 놓고 충돌하였고, 1995~1996년 대만해협 위기사태 당시 일본이 지역분쟁에 연루될 가능성이 제기되었다. 일본의 안보위기의식은 21세기에 들어 더욱 심화되었다. 2001년 알 카에다의 9·11 테러 공격 이후 미국의 대안보전략은 억지(抑止) 중심에서 선제공격과 방어적 개입으로 전환되었고, 미일동맹체제에서 일본의 역할도 방위적 선제공격 지원을 포함하게 되었다. 그러나 이후 8년 동안 미국의 부시

Publishers, Inc., 2007), pp. 23-44.

2 Kiyoshi Sugawa, "Time to Pop the Cork: Three Scenarios to Refine Japanese Use of Force," *Brookings Working Papers*(July 2000).

(George W. Bush) 정부가 대테러전, 아프가니스탄과 이라크에서 전면전에 국방력을 집중하면서, 동북아시아 지역에서 중국의 군사적 부상을 견제하는 데 실패하였다. 2008년 미국 경제가 서브프라임 재정위기를 맞으면서 동북아시아는 중국의 부상과 미국의 쇠퇴가 가장 극명하게 나타나는 지역이 되었고, 미일동맹에 대한 위기의식이 깊어지게 되었다. 2009년 집권한 일본 민주당의 하토야마 유키오(鳩山 由紀夫) 정부는 중국과의 관계 개선과 미일동맹의 재설정(reset)을 동시에 추구하는 동아시아 공동체 구상을 추진하였으나, 센카쿠(尖閣, 중국명: 댜오위다오) 섬의 국유화 조치로 중일관계가 급격히 악화되었다. 2011년 동일본 대지진과 후쿠시마 원전 사고 이후 일본민주당 정권의 몰락과 함께 미일동맹주의와 국제주의 기조는 후퇴하게 되었다.

과연 일본이 기존의 미일동맹체제와 절대평화주의 원칙만을 고수하면서 국가의 존위를 보장할 수 있을 것인가에 대한 위기의식이 심화되었고, 신현실주의자들의 주장이 강화되었다. 신현실주의자들은 일본이 안보전략을 재정비하고 자위대 활동을 확대할 때 중국 등 주변국가들의 반발과 우려가 당연히 일어날 것인데, 과거와 같이 일본 정부가 평화헌법 제9조에 기초한 절대평화주의 원칙과 미일동맹의 틀 안에서 모호하고 소극적으로 대응하는 데는 한계가 있음을 지적하고, 일본의 자위권을 일본이 주도적으로 규정할 수 있는 체제 구축을 주장하였다. 2012년 이후 일본 자민당 정부의 이러한 주장을 수용하여 일련의 중대 법제 조치를 통한 일본 자위대의 역할 확대를 추진하였다. 47년 동안 유지되어 온 무기수출금지 3원칙을 방위장비이전 3원칙으로 대치하여 안보협력국들과의 기술협력을 적극적으로 모색하고, 2013년 12월 특정비밀보호법을 제정했으며 국가안전보장회의(NSC)를 내각에 설치하였다. 또한 국민의 생명, 자유에 명백하고 심각한 위험이 발생하는 경우 필요 최소한의 무력행사를 허용한다는 자위대의 집단적 자위권 행사에 관한 헌법상 해석과 관련 법제 제·개정을 이끌어내었다.[3]

3. 일본의 집단적 자위권 도입의 외적 동인

1) 미국의 대안보전략의 변화와 중국의 부상

아베 정부가 추진한 일본 자위대의 집단적 자위권 도입은 중국의 부상과 미국의 쇠퇴라는 두 가지 외부 안보환경 변화에 대한 대응이다. 이는 일본에 최대 안보위협으로 대두된 중국의 부상 및 미국 패권의 상대적 쇠퇴로부터 발생한 '위기에 대한 공포'와, 그 같은 위기 상황이 일본의 '정상국가화'로 이어질 수 있을 것이라는 '기회에 대한 희망'이 결합되어 나타난 현상이다.

일본의 집단적 자위권 도입 결정은 미국의 대안보전략(grand strategies)에 크게 영향을 받았다. 미국의 대안보전략 전문가인 베리 포즌(Barry Posen)과 앤드류 로스(Andrew Ross)에 따르면 미국의 대안보전략은 역사적으로 볼 때 크게 네 가지 유형으로 분류된다.[4] 첫 번째는 신고립주의

---

3 KDI국제정책대학원, 「일본의 동북아 전력과 북일관계 개선 실태전망」, KDI국제정책대학원·경남대학교 극동문제연구소 편, 『동북아의 변화동향 평가 및 전망』(2015), pp. 142-147.

4 Barry Posen and Andrew Ross, "Competing Visions for U. S. Grand Strategy,"

(neo-isolationism)이다. 미국은 자신의 안전 및 핵심 이익의 침해와 관련되는 사안에 대해서만 직접적으로 개입을 하고 다른 대부분의 사안에 대해서는 개입을 자제한다. 두 번째는 선택적 개입(selective engagement) 전략이다. 선택적 개입 전략의 핵심은 미국이 어떻게 효과적으로 지역의 세력균형을 조정하는가에 달려 있다. 여기에는 미국이 역내 균형자(on-shore balancer)로서 지역분쟁에 직접 군사적인 개입을 하는 경우와, 지역분쟁 발발 시 초기 단계에는 개입하지 않다가 최종적 단계에서 미국이 적극적으로 개입하여 자국이 선호하는 결과를 확보한다는 역외 균형자(off-shore balancer) 전략이 있다. 세 번째는 협력적 안보(cooperative security) 전략이다. 미국이 범세계적인 개입을 지속 강화한다는 점에서는 네 번째 전략인 우선(primacy) 전략과 기본 기조가 같으나, 일방주의(unilateralism)가 아니라, 뜻과 가치를 공유하는 국가들(like-minded countries)과 함께 움직이는 다자주의(multilateralism)를 추구한다는 점에서 다르다. 네 번째는 미국 우선 전략이다. 세계패권국가로서, 그리고 자유, 인권, 시장경제, 민주주의 등 인류보편적 가치를 앞장서서 구현하는 국가로서 미국은 자국의 안보와 세계안보에 필요한 군사행동을 선제적·일방적으로 추구할 정당성을 가진다는 전제에 기초한 전략이다. 2003년 미국 부시 정부가 이라크 사담 후세인 축출을 목표로 이라크 전쟁을 결정한 것이 좋은 예이다.

2000년대 들어서 미국의 대안보전략이 미국 우선 전략에서 신고립주의와 선택적 개입 전략으로 전환되면서, 방기(abandonment)에 대한 일본의 우려가 깊어짐과 동시에, 이를 일본의 '정상국가화'와 미일

International Security 21:3(Winter, 1996-1997), pp. 5-53.

동맹의 강화 기회로 이용하려는 노력이 시도되었다. 미국의 부시 정부는 2001년 9·11 테러 발발 이후 범지구적 차원의 대테러전쟁을 선포하면서 미국 우선 전략 기조에 입각한 글로벌 안보전략을 추진하였다. 2011년부터 시작된 아프가니스탄 전쟁, 2003년 이라크 전쟁 수행에 군사력과 외교력을 집중하게 된 미국은 유럽과 아시아로부터 멀어지게 되었고, 아태지역에서 일종의 권력 공백 현상을 초래하였다. 거기에 더하여 이라크 전쟁의 경제적·정치적 피해와 2008년 재정위기를 겪은 미국의 안보 신뢰성에 대한 불신이 증가하게 되었다. 미국의 어려움과 고민은 일본에게 불안과 우려의 원인으로 작용하면서 한편으로는 전후 평화헌법의 절대평화주의에서 탈출할 수 있는 기회로 등장한 것이다.

2) 미국 경제위기와 아태 재균형 전략

2009년 집권한 제1기 버락 오바마(Barack Obama) 정부는 미국이 어떻게 범세계적 군사적 패권의 손실을 최소화하면서도 2008년 금융위기에서 조속히 탈출하고 아프가니스탄 전쟁과 이라크 전쟁에서 철수하느냐는 양대 과제를 수행해야 하는 어려운 처지에 놓여 있었다. 오바마 정부 집권 첫해인 2009년 미국 경제성장률은 −2.4%를 기록했다. 이후 오바마 정부는 금리 인하와 채권 매입을 통한 양적완화 정책으로 경기부양을 했다. 한편 미 의회는 증가하는 미국의 재정적자와 국가부채를 해결하기 위해 2011년 8월 예산통제법(Budget Control Act of 2011)을 의결했다. 2021년까지 10년간 약 1조 1천억 달러 규모의 지출을 자동 삭감하였는데, 특히 국방비는 삭감 이전에 비해 약 8.5% 줄어든 4,540억 달러로 감축되었다. 반면 미국이 9·11 사건 이후 대테러전쟁에 국력과 관심을 집중하고 있는 동안 중국은 경제적·군사적으로 급속히 성장하였다. 미국은 유일 강대국으로서 일방적인 군사개입을 통하여 절대적인 패권을 유지한다는 글로벌 전략의 목표 달성이 어렵게 된 것이다.

결국 '압도적인 리더십과 개입을 통한 미국식 자유주의적 패권 유지'라는 미국의 글로벌 전략이 지속되기 어려워지면서 미국은 기존 동맹국 또는 안보협력국가와의 연대를 강화하고, 지역별로 '대리국가(proxy state)' 혹은 대표 동맹국가를 선택하여 기존에 미국이 수행하던 안보 책임의 상당 부분을 지역 동맹국가에게 위임하게 되었다. 2015년 한국국방연구원의 연구보고서에 따르면 향후 미국 대전략의 신고립주의 경향이 강화될수록 동맹에 대한 미국의 의존도는 증가할 것으로 예상된다.[5] 첫째, 미국은 동맹국들에게 안보부담 공여(burden-sharing) 증대를 적극적으로 요구할 것으로 예상된다. 둘째, 미국은 또한 지역별로 일종의 '대리국가' 및 대표 동맹국가를 내세워 지역분쟁의 개입은 피하되, 지역 정세를 계속 관리하고자 할 가능성이 높다. 셋째, 현재 존재하는 군사동맹에 더하여 다른 국가들과 일종의 준동맹적 안보협력 관계를 구축하여 미국 중심의 안보망(security network)을 확대하려 할 수 있다. 이러한 정책 기조하에서 미국의 안보 파트너인 한국, 일본, 호주, 인도 등의 국가의 전략적 가치는 자연히 높아지게 되었다.

오바마 정부의 '아시아로의 회귀(Pivot to Asia)' 정책 이후 아태 재균형 정책(rebalancing strategy)은 이러한 배경에서 탄생하였다. 아태 재균형 정책은 이전 부시 정부의 대테러전쟁의 장기적인 수행으로 중동 지

---

5 한국국방연구원, 「중장기 동북아 질서 전망과 한국의 대응 전략」, 『한국의 안보와 국방』(2015), p. 111.

역에 집중되었던 미국의 군사력과 전략적 중점을 아태지역으로 재배치하면서, 경제적으로 상호 의존이 심화되는 중국과 건설적인 유화관계를 유지하고, 한편으로는 군사적 팽창을 효과적으로 견제하는 것을 주된 목표로 추진되었다. 2012년 재선에 성공한 미국 제2기 오바마 정부의 대외 안보전략은 이러한 기본 틀을 유지하면서 신국방전략(New Defense Strategy: Sustaining U. S. Global Leadership)이라는 이름으로 발표되었다. 제2기 오바마 정부는 현존 안보 상황을 '전환의 시기'로 정의하고, 2008~2009년 발발한 글로벌 재정위기 이후 닥친 미국 정부의 재정 건전성 위기를 극복하는 동시에 미국의 지구적 리더십을 보장하는 데 초점을 맞추고 있다.[6] 보다 구체적으로 신국방전략은 범지구적 미국의 군사력 투사에 있어서 선택과 집중의 원리를 충실하게 실행하여 ① 대(對) 중동 정책의 획기적인 전환, ② 국방비 및 군사력 감축을 추진하되, ③ 인도양을 포함한 아태지역에서 중국에 맞서 군사적 우세를 유지한다는 목표를 추구하였다.

신국방전략은 두 차례 큰 위기를 넘기고 오바마 정부의 기본 안보전략으로 계속 유지되었다. 먼저 이슬람국가(Islamic State, IS)의 대두로 이라크와 시리아 내전 상황이 악화되었다. 2014년 8월 미국은 공습을 통해 이 지역에 또다시 제한적으로나마 군사작전을 실행하게 되었는데, 이후 오바마 정부가 미국은 시리아 사태에 대규모 군사개입을 하지 않는다고 천명한 신국방전략을 포기하는 것이 아니냐는 우려가 증가하였다. 그러나 오바마 대통령은 2014년 8월 19일 기자회견에서 이

---

[6] Department of Defense, *Sustaining U. S. Global Leadership: Priorities for 21st Century Defense*(January 2012); 김현수, 「미국의 신국방전략과 한국의 대비 전략」, 『국가전략』 18권 2호(2012), pp. 177-178.

라크 내전 상황으로 인해 2016년 말까지 아프가니스탄에서 미군이 완전히 철수한다는 계획에는 결코 변함이 없을 것이라는 점을 분명히 확인하였다.[7] 또한 2015년 연두교서에서 미국의 전략은 해외에 대규모 지상군을 파견하는 것이 아니라, 지역 내 관련 국가들과의 연합전선 구축을 통해 테러 세력을 척결하는 것이라고 확인하였다.[8]

신국방전략의 또 다른 도전은 미국의 전략적 중심을 아태지역으로 이동하는 데 소요되는 재정 문제였다. 당시 미국은 아직 2008년 경제위기에서 벗어나지 못한 상태였다. 오바마 정부는 2009년 1조 4,127억 달러까지 불어났던 연방 재정적자 규모를 줄이기 위해 아이젠하워(Eisenhower) 정부 이후 가장 낮은 수준의 연방정부 지출을 유지하면서도 대규모 경기부양책 없이 경기회복과 9%를 넘나드는 장기 실업률을 해소해야 하는 어려운 상황이었다. 그 와중에 2012년 하원을 장악한 공화당은 오바마 정부의 의료보험개혁안과, 고소득층 소득세·상속세율 인상안, 장기실업수당 연장과, 중산층 이하 세액공제 유지 정책에 반대하고 연방정부 부채 한도 증액을 거부하면서 행정부를 압박하였다. '재정절벽(budget cliff)' 위기로 오바마 대통령이 아시아태평양경제협력체(Asia-Pacific Economic Cooperation, APEC) 정상회의와 동아시아 정상회의(East Asian Summit, EAS)에 불참하면서 중동에서 아태지역으로 미국 안보전략의 지리적 중심을 이동하는 미국의 아태 재균형 전략에 대한 신뢰성에 의문이 제기되기도 하였다. 결국 2013년 1월 민주당과

---

7 Mark Landler, "Obama Holds to Afghanistan Withdrawal Deadline," *The New York Times*(August 19, 2014).

8 Barack Obama, "2015 State of the Union Address," *The White House*(January 20, 2015).

공화당이 극적으로 타협하면서 미국 연방정부가 사상 초유의 국가 부도 사태를 겨우 면하게 되면서 오바마 정부는 비로소 적극적으로 신국방전략을 추진하게 되었다.

오바마 정부는 2013년 후반부터 미해공군력의 아태지역 재배치, 미 해병대 전력의 호주 순환배치, 고위급 회담을 통한 미일동맹, 한미동맹의 신뢰성 확인 등 일련의 군사적 조치와 더불어 환태평양경제동반자협정(Trans-Pacific Partnership, TPP)의 추진에 박차를 가하였다. 일본 아베 정부의 TPP 참여 선언은 미국의 아태 재균형 전략의 성공 전망을 높이는 데 결정적인 기여를 하였다.[9] 결국 2015년 후반 12개국의 TPP 협상 타결과 한미상호방위조약 개정으로 미국은 아태 재균형 전략의 양축이라 할 수 있는 경제협력망의 구축과 안보협력체제의 격상에 모두 성공하였다.

3) 중국의 부상과 일본의 선택

미국의 아태 재균형 전략의 핵심 목표는 부상하는 중국을 어떻게 미국 중심의 세계질서에 편입시켜 효과적으로 관리하느냐는 문제이다.[10] 미국 정부와 미국의 전략가 그룹은 대부분 중국의 부상이 미국의 패권을 대치할 날은 아직 멀었다는 진단에는 공감을 하고 있다.[11] 그러

[9] Susan E. Rice, "America's Future in Asia," speech delivered at Georgetown University(November 20, 2013).

[10] James Steinberg and Michael O'Hanlon, *Strategic Reassurance and Resolve: US-China Relations in the Twenty-First Century*(Princeton and Oxford, Princeton University Press, 2014).

[11] Joseph S. Nye, Jr., *Is The American Century Over?*(Malden, MA: Polity Press,

나 국제질서의 중심축으로 등장한 미중 경쟁협력관계를 어떻게 정의하고 관리할 것인가에 대해서는 여러 가지 다른 견해가 충돌하고 있는 상태이다.

탈냉전 시기 동안 미국의 대중 전략은 현실주의 차원에 '대중국봉쇄억제전략'과 자유주의 차원의 '대중국개입정책'이라는 두 가지 조류가 복합적으로 작용하는 형태로 나타났다.[12] 2001년 중국의 세계무역기구(World Trade Organization, WTO) 가입으로 상징되듯이, 2000년대 초반부터 미국의 대중 정책은 중국과 미국 간의 상호경제이익을 극대화하고 중국의 국제체제 참여와 역할 확대를 유도하는 데 초점을 맞추었다. 중국의 외교안보전략의 기본 논리와 핵심 이익이 자유주의적 세계질서의 근본 원칙과 가치를 존중하는 방향으로 발전한다면, 중국은 급속한 군사력 증강과 경제성장을 계속 경험한다고 하더라도 미국이 건설한 자유주의적 국제체제를 부정하거나 전복하려 시도하지 않을 것이라고 주장하였다. 탈냉전 기간 동안 미국은 중국이 장기적으로 미국 중심의 국제질서에 편입되어 책임 국가로서 행동할 것이라는 개입정책(engagement policy)의 기조를 꾸준히 유지해 왔다. 그러나 그러한 장기적 개입정책의 결과로 중국은 협력 국가로 행동하기보다는 미국 패권에 도전하는 국가에 가까운 행동을 보였다. 2010년 이후 중국은 일본과의 센카쿠 분쟁, 동남아시아 국가들과의 남중국해 분쟁, 인권문제 등의

2015), pp. 46–70.

12 John J. Mearsheimer, "China's Unpeaceful Rise," *Current History* 105:690(April 2006), pp. 160–162; John G. Ikenberry, "The Rise of China and the Future of the West: Can the Liberal System Survive?" *Foreign Affairs* 87:1(January/February, 2008).

사안에서 미국과 각을 세우는 독립적이고 호전적인 외교안보전략을 종종 선택하였다.

오늘날의 중국이 미국이 기대했던 바와 같은 자유주의적 국제사회의 책임 국가가 아니라 자국의 핵심 이익을 일방적으로 추가하는 도전 국가의 모습을 보이자, 이에 대한 대응 전략으로 미국이 어떠한 대중 정책을 추구해야 하느냐에 대하여 다양한 의견이 미국 안보전문가 사이에서 논의되었다. 자유주의자들은 호전적인 중국의 외교안보전략을 중국이 책임 국가로 변화하는 과정에서 나타나는 일시적 현상으로 간주하고, 중국이 자유주의적 세계질서로 편입하기 위한 유인 정책을 오히려 더 적극적으로 추진해야 한다고 주장한다.[13] 반면 현실주의자들은 이제는 미국이 중국의 국가정체성과 기본 행동 논리를 장기적인 개입을 통하여 변화시킬 수 있을 것이라는 잘못된 기대를 버릴 때가 왔다고 주장한다. 중국의 팽창주의적 행동에 적극 대처하고, 미중 간의 마찰과 갈등이 발생하는 경우 미국의 이익을 관철시킬 수 있는 전략적 우위와 군사 역량을 확보해야 한다고 주장한다.[14]

중국의 부상은 일본의 위기의식에 커다란 영향을 미쳤다. 1980년 초반부터 꾸준히 막강한 군사대국의 길을 걸어온 중국이 2010년부터 일본을 제치고 세계 제2대 경제대국으로 부상하였다는 사실은 일본으로 하여금 중-일 양자 패권 구도에서 일본의 입지와 역량에 대하여 극심한 우려를 가지게 만들었다. 미일동맹 전문가 마이클 그린(Michael Green)이 지적하듯이 일본은 자체적 능력 강화(internal balancing)만으로

---

[13] John G. Ikenberry, "The Rise of China and the Future of the West: Can the Liberal System Survive?"

[14] John J. Mearsheimer, "China's Unpeaceful Rise," pp. 160-162.

중국에 대적할 수 없다. 국가 존립을 위협할 수 있는 엄중한 안보 상황에 독자적으로 대처할 능력이 없는 일본은 결국 미국의 안보 공약과 군사 능력을 최대한 자국의 군사력과 결합시켜야 한다. 또한 일본은 역사적으로 볼 때 태평양 전쟁 초반을 제외하고 동아시아에서 중국과 순수한 의미에서 양자적 패권 경쟁을 벌인 경험이 없다. 일부 일본 보수세력은 동북아 지정학사를 볼 때 일본은 중국과 안보협력을 통한 평화공존이 사실상 불가능하다는 일종의 존재론적 전략 판단을 내리고 있다. 이런 맥락에서 일본의 미국 일변도 안보전략은 전략적 선택이 아니라 구조적으로 이미 결정된 문제인 것이다.[15] 결국 일본은 변화하는 동북아 안보환경 속에서 미일동맹을 강화하는 대중 세력균형 전략을 유일한 전략적 선택으로 추구할 수밖에 없다는 것이다.

그러나 미국의 대중 전략은 단순히 중국을 군사적으로 봉쇄하는 것만이 목적이 아니다. 미국은 안보적 측면에서는 대중 견제를 강화해야 하지만 경제, 지역 및 글로벌 이슈에 있어서는 중국과 협력해야 하는 일종의 전략적 딜레마 상태에 놓여 있다. 따라서 일본의 입장에서는 대중 견제에 미국과 협력하면서도 동시에 미국의 대중 전략과 별도로 중국과의 경쟁 관계를 독자적으로 관리해야 할 필요가 있다. 또한 중국의 경제성장이 둔화될 경우 중국의 외교안보정책이 강경 기조를 보일 것인지, 아니면 유화적인 방향으로 선회할 것인지 예측하기 어렵다. 중국의 군사적 부상과 경제성장 속도가 둔화될 경우, 중국의 팽창주의가 감소되기보다는 지금보다 다른 형태로 바뀌어 등장할 가능성

[15] Kuni Miyake, "Do China and the ROK really want to resolve the history issues?" *Sankei Shimbun English*(November 6, 2015), p. 7.

에도 일본은 대비해야 한다. 결국 중국 경제가 지속적으로 성장을 하든 둔화하든지 상관없이, 그리고 중국 공산당 리더십이 안정되든지 위기를 맞든지 상관없이, 일본은 중국이라는 거대한 불확실성을 놓고 계속 고민해야 하는 처지에 놓이게 되었다.[16] 일본 자위대의 군사행동의 범위 확대와 능력 강화는 불확실하고 복잡한 중일 경쟁이 등장한 외교안보 현실에서 필수적인 국가과제로 등장하였다. 그리고 중국이라는 불확실성은 향후 아베 정부과 같은 보수정권이 아니라 어떤 정부가 들어선다고 하더라도 일본의 미래에 심각한 위협 요소로 계속 남아 있을 것이다.

미국은 2010년부터 '아시아로의 회귀' 전략, 혹은 아태 재균형 전략을 시도하였으나 그 실행 능력의 한계를 드러냈고, 그러한 상황에서 미일동맹의 강화와 TPP 참여라는 방식으로 미국과의 적극적인 협력을 도모한 일본의 위상은 상대적으로 강화되었다. 미국은 아베 정부의 적극적인 안보정책 변화를 크게 반기는 입장을 보였다. 2014년 4월 방일 중 오바마 대통령은 현직 미 대통령으로는 처음으로 중국과의 센카쿠 열도 분쟁에 있어서도 한미상호방위조약에 따라 일본 편에 설 것을 천명했다. 다른 한편으로 일본은 아시아 지역 내 미국의 동맹국으로서, 부상하는 중국 견제에 동참하면서 동시에 미국의 대중 정책의 전략적 불안감을 해소하고자 노력하였다. 이제 일본은 미국과의 안보협력뿐만 아니라 공동의 안보협력 국가들과의 관계 강화에 속도를 내고 있다.[17]

---

16 Richard L. Armitage and Joseph S. Nye, "The U. S.–Japan Alliance: Anchoring Stability in Asia," *A Report for the CSIS Japan Chair*(August 2012), pp. 1–8.

17 William Tow and Tomonori Yoshizaki(eds.), *Beyond the Hub and Spokes: Australia–Japan Security Cooperation*, Australian National University–The

4. 일본의 집단적 자위권 도입의 내적 동인

주권국가로서 일본이 새로운 국가정체성을 찾으려는 집단적 노력과 보수세력의 정치 공세는 일본의 집단적 자위권 도입 결정에 내적 동인으로 작용하였다. 일본 아베 정부는 미일동맹을 강화하고 일본의 군사안보 능력을 확대하면서 강한 일본의 건설과 '전후 체제 탈각(脫却)'이라는 정치적 목표의 달성에 미국의 지원에 힘입어 박차를 가하고 있는 것이다. 강하고, 자랑스러운 정상국가로서 일본이 경제·문화 분야에서뿐만 아니라 국제평화와 안보 분야에서도 큰 기여와 영향력을 발휘하는 대국외교를 펼칠 토대를 마련하는 것이 현재 아베 정부의 외교안보전략의 기본 틀이라고 볼 수 있다.[18]

1952년 샌프란시스코 강화조약 발효로 일본은 제2차 세계대전 패전으로 상실했던 국가주권을 회복하였다. 태평양 전쟁 패전 후 일본은 부국강병으로 요약되는 군국주의 시대의 국가정체성을 버리고, 평화헌법을 채택하고 부국무병이라는 요시다 독트린으로 대표되는 국가정체성을 추구하였다. 전후 일본은 냉전 기간 동안 주권국가이되, 자위 차원에서 필요한 정도 이상의 군사력을 보유하거나 행사하지 않는다는 원칙을 고수하면서 국가안보를 미일동맹의 틀에서만 추구해 왔다. 이러한 미일동맹 일변도 정책은 식민지 지배와 제국주의 침략의 책임 문

National Institute for Defense Studies (NIDS) Joint Research Series 10(2014).

18 Kazuhiko Togo, "What Will It Take for Japan to Rise Again?: Vision, Regional Initiative, and Japan–Korea Relations," in T. J. Pempel and Bong Youngshik (eds.), *Japan in Crisis: What Will It Take for Japan to Rise Again?*(Seoul: The Asan Institute for Policy Studies, 2012), pp. 195–216.

제에 대한 부담에서 전후 일본이 벗어날 수 있는 여지 또한 제공해 주었다.

예를 들어 요시다 유타카(吉田裕)는 일본 정부와 보수파의 전쟁책임 문제에 대한 대응과 일본인의 전쟁관에는 일종의 이중잣대의 문제가 존재한다고 지적하였다. 즉 대외적으로 일본은 샌프란시스코 강화조약 제11조에서 도쿄 재판의 판결을 수용하는 형태로 필요 최소한의 전쟁책임을 인정하면서 미국의 동맹자로서의 지위를 획득하였다. 그러나 국내에서는 군부(주로 육군)를 주범으로 몰고 국민을 피해자로서 파악하여 전쟁책임의 문제를 사실상 부정하거나 불문에 부치는 등 대외적인 자세와 국내적인 취급을 구분하여 처리한 것이다. 이로 인해 많은 일본인들이 아태지역에 대한 전쟁책임과 가해자임을 자각하기보다는 전쟁의 피해자라는 인식을 갖게 되었다는 것이다.[19]

여기에 더하여 냉전체제 속에서 반공 네트워크 체제 구축이라는 미국의 동아시아 정책은 일본의 전쟁책임을 최소화하는 강력한 요인으로 작용하였다. 미국은 일본을 아시아의 반공 방파제로 만들기 위해 일본에 관대한 정책을 펼치는 한편, 한국과 대만의 권위주의 정권과 안보문제에 협조하면서 아시아 자유주의 진영의 안정화를 도모해 왔다. 이러한 과정에서 일본의 대(對) 아시아 침략 책임과 배상 문제는 뒷전으로 밀려날 수밖에 없었다.

한편 시라이 사토시(白井聡)는 일본이 패전을 부인하고 있기 때문에 끝없이 대미 종속을 계속하지 않으면 안 되고, 대미 종속의 심화를 계속하는 한 패전을 계속 부인할 수 있는 '영속패전'의 정체성이 존재

19 吉田裕, 『日本人の戦争観 — 戦後史のなかの変容』(東京: 岩波現代文庫, 2005).

한다고 지적한다. 일본의 전후 평화와 번영이 대미 종속을 통해 이루어진 결과, 대미 종속이 아시아에서의 고립을 심화시키고 아시아에서의 고립이 대미 종속을 강화시키는 순환이 나타났다. 또 이러한 구조로부터 애국주의를 표방하는 우파가 친미 우익이나 친미 보수를 표방하는, 다르게 말하면 외국의 힘에 의해 일본 보수민족주의의 중심이 지탱된다고 하는 상당히 특이한 구조가 정착되었다는 것이다.[20]

이러한 새로운 국가정체성이 냉전 기간 동안 일본에게는 피할 수 없는 선택이었고, 일본이 전후 피해를 복구하고 세계 제2위의 경제대국으로 등장할 발판을 마련해 준 것은 사실이다. 그러나 이러한 구조는 1990년대 아시아에서 냉전 구조가 해체되고 민주화가 진행되면서 일본이 동북아시아 지역 국가들과 과거사 문제를 놓고 충돌하고 상호 불신이 깊어지는 상황에 처해지면서 큰 위기를 맞게 되었다. 여기에 더하여 1990년대 초반부터 '거품경제'의 종식으로 소위 '잃어버린 20년'이라는 저성장 시대가 도래하면서 새로운 국가정체성, 새로운 국가 목표가 필요하다는 인식이 확산되었다. 2011년 3월 동북부 대지진, 해일, 후쿠시마 원전 사고는 정부와 사회 간에 상호 합의하고 그동안 유지하였던 사회보호 책임 원칙을 더 이상 신뢰할 수 없다는 위기감을 일본 사회에 확산시켰다.

이러한 역사적 배경을 살펴볼 때, 아베 정부의 '전후 체제 탈각'이나 '강한 일본' 등의 슬로건은 새로운 국가정체성을 갈망하는 일본 사회의 요구에 대한 일본 보수세력의 응답으로 봐야 할 것이다. 즉, 후쿠시마 원전 사고라는 국가적 재난과 장기적 경기침체로 희망과 기력

20 白井聡,『永続敗戦論 — 戦後日本の核心』(東京: 太田出版, 2013), p. 28.

을 잃은 일본 국민들에게 아베 정부는 국민의 생명과 안전을 최우선적으로 보호하는 책임 있는 정부를 약속하면서 정권을 쟁취하였다. 아베 수상이 2006년 이후 총리를 두 번씩 역임할 만큼 거물 정치인으로 등장하게 된 계기가 일본인 납치 진상규명을 둘러싼 북-일 외교였다는 점도 주목할 만하다. 당시 '유망한 정치인'에 불과했던 아베 의원이 전국적 인물로 각광을 받게 된 것은 '단 한 명의 일본인 피해자도 포기해서는 안 된다'는 원칙주의를 강경하게 고수하면서 용기 있고 애국심 충만한 정치 지도자라는 이미지를 각인할 수 있었기 때문이다.

2차 집권 후 아베 정부가 일본 국민에게 보낸 메시지의 핵심은 국가를 믿어달라는 것이다. 국가의 궁극적인 존재 이유와 최고 책임은 국민의 생명과 안전보호에 있으며, 이를 성취하기 위하여 정부는 모든 노력을 아끼지 않을 것을 약속하면서, 그 대신 국민은 정부가 추구하는 정책을 믿고 지지해 달라고 호소하는 방식을 택하였다.

아베 정부는 집단적 자위권 행사 차원에서 일본 자위대의 역할 확대와 미일동맹의 글로벌화를 국민의 생명과 안전을 책임지는 국가의 역할이라는 담론으로 정당화하였다. 이러한 정치 공세는 2015년 파리 테러 사건과 같은 국제 테러 위협의 확산 속에서 더욱더 정당성을 확보할 것으로 예상된다. 테러의 세계적 확산은, 국제안보를 위한 일본 자위대의 기여가 이제 국제사회에서 당연하고 합리적인 주장으로 받아들여지게 되는 분위기를 형성하였다. 2015년 1월 수니파 원리주의 무장단체인 이슬람국가(IS)가 일본인 인질 유카와 하루나, 고토 겐지를 살해한 사건은 일본이 전후 평화헌법의 틀에서 벗어나 국제평화와 안보에 적극적으로 기여해야 한다는 아베 정부의 '적극적 평화주의'와 '집단적 자위권' 주장에 유리한 국내외 여건을 조성하였다.[21]

일본인 인질 살해 사건은 일본 자위대가 동북아를 벗어나 중동 지역 등으로 활동 범위를 넓히는 것에 대한 정당성을 제공해 주었다고 할 수 있다. 사건 당시 아베 정부는 당시 2억 달러 규모의 대(對) 중동 인도적 지원을 약속해 일본이 보다 적극적인 중동 정책을 취할 것임을 기정사실화한 상태였다. 일본인 인질 살해 사건은 일본이 자위대 파병을 한 것도 아닌데 중동에 기반한 테러 집단이 자국민을 해친 비이성적인 참사로 일본 국내에 받아들여졌다. 중동의 원유 수입에 크게 의존하고 있는 세계 경제 3위 일본이 다국적 평화유지활동에 대한 보복을 두려워하고 그에 따라 원거리 외교만을 구사하는 시기는 지났다는 공감대가 형성되었다. 일본의 글로벌 안보정책에 상관없이 국제 테러 집단은 일본을 계속 공격할 것이며, 따라서 일본은 소극적인 대책보다는 테러 집단과 맞서는 글로벌 연합를 적극적으로 지원하는 것이 합리적인 선택이라는 주장이 설득력을 가지게 된 것이다.

동아시아 안보 전문가인 카일 미조카미(Kyle Mizokami)가 지적하듯이, IS의 일본인 인질 살해 사건은 일본 자위대의 집단적 자위권 행사를 둘러싼 아베 정부의 두 가지 큰 고민을 해결해 주었다. 첫째, 국제 평화와 안보에 대한 일본의 기여를 인도적 목적의 재정 기여를 넘어 자위대 활동을 통한 군사적 기여로 확대해야 한다는 정당성을 제공하였다. 일본인 인질 살해 사건은 재정 기여만으로는 일본 자국민 보호와 국가안보를 확실히 성취할 능력이 부족하다는 것을 명백히 보여 주었다. 둘째, 미국 주도의 국제안보체제에 일본 자위대가 보다 적극 참

21 Alexander Martin, "Japan Hostage Crisis Revives Debate Over Military Force," *The Wall Street Journal*(January 26, 2015).

여하면서도 어떻게 중국을 자극하지 않을 것이냐는 고민을 해결하는 데 실마리를 제공하였다.[22] 동북아 지역 역외에서 발생한 일본인 인질 살해 사건은 일본이 자위대 활동 범위와 임무를 확대하는 것이 동북아 지역에서 미국이 주도하는 중국 봉쇄를 위한 핑계가 아니라 자국민 안전과 국가이익보호를 위한 불가피한 선택이라고 주장할 수 있는 근거를 제공한 셈이다. 일본 국민들은 일본 자위대는 헌법의 제약 때문에 독자적인 작전으로 피랍된 자국민을 구출할 수 없는 답답한 현실과, 대테러 전략과 자국민 보호 및 구출 작전의 성공을 위해 미일 간 군사 협력과 기술 및 정보 공유가 얼마나 절실한지를 다시 경험하였다. 일본 안보를 보장하는 길은 국가적 차원뿐만 아니라 개인 차원에서도 결국 미국과 긴밀히 협조하는 것이 해답이라는 공감대 또한 증가한 것으로 보인다. 국제 테러의 전 세계적 확산이 계속되는 한, 국가가 시민의 생명과 안전을 책임진다는 담론과 일본 자위대의 역할 확대의 정당성은 계속 정치적 지지와 탄력을 받을 것으로 예상된다.

5. 맺음말: 일본의 집단적 자위권과 미일동맹의 미래

일본의 집단적 자위권 도입과 미일동맹 글로벌화는 미국이 대안보전략 변화, 중국의 부상과 같은 새로운 대외안보환경 변화와 1990년대 이후 계속 제기된 일본의 새로운 국가정체성 추구가 복합적으로 작

[22] Jesse Johnson and Mizuho Aoki, "Islamic State Likely Gave Hostage Ultimatum Knowing Difficulty of Meeting It," *The Japan Times*(January 21, 2015).

용한 결과라고 할 수 있다. 향후 일본의 집단적 자위권 행사 여부는 다음 세 가지 변수에 따라 결정될 가능성이 높다.

첫째, 북한의 군사위협이다. 한반도에서 북한의 군사도발에 의해 주한미군, 한국군 및 주일미군이 북한과 교전에 돌입하는 중요영향사태(舊 주변사태)가 발생할 경우와, 북한에서 미국 본토나 일본을 향해 탄도미사일을 발사하여 일본이 대응하는 존립위기사태가 발생할 경우, 일본 자위대는 집단적 자위권 발동 차원에서 군사적인 대응을 하게 되어 있다. 2016월 1월 북한의 제4차 핵실험과, 연이은 장거리 미사일 시험발사는 북한의 군사위협의 심각성을 다시 부각시켰다. 북한의 군사도발 위험 가능성이 고조될수록, 중요영향사태나 존립위기사태 발생 시 미군에 대한 일본 자위대의 후방지원과 전력 전개에 대한 긍정적인 여론은 계속 높아질 것이다.

둘째, 한일 간의 역사·영토 문제는 일본 자위대의 역할 확대와 미일동맹 강화에 중요한 변수로 계속 남아 있을 것이다. 미일동맹의 확대 강화와 미국의 아태 재균형 전략은 한미일 삼자안보협력체제의 구축 없이는 완성될 수 없는데, 이 삼자안보협력에 대한 한국의 입장은 일본 정부가 한일 간의 역사·영토 문제에 대하여 어떠한 입장을 취하느냐에 영향을 받기 때문이다.[23] 지난 3년 동안 역사·영토 문제를 둘러싼 한일 간의 갈등은 한미일 안보협력체제 구축에 큰 걸림돌로 작용해 왔다. 한국의 박근혜 정부는 역사·영토 문제에 있어서 일본이 진정성 있는 자세를 보이지 않는 한 안보협력 분야를 포함한 한일관계의

23 정일영·최용, 「미국의 중국 딜레마와 일본의 정상국가화」, 『통일연구』 19권 2호 (2005).

근본적인 개선이 어렵다는 원칙을 고수하였다. 2013년 12월 아베 수상이 야스쿠니 신사를 참배하고 2014년 고노 담화문 검증을 시도하면서 상호 신뢰에 기반한 한일 안보협력은 아직 시기상조라는 한국 측의 입장이 미국의 공감을 얻을 수 있었다. 그러나 2015년 이후 한미일 삼국은 역사 문제를 안보협력과 분리하여 삼자안보협력의 개선에 속도를 내려는 입장을 취하고 있다. 2015년 11월 박근혜 대통령과 아베 수상 간 최초의 양자 한일정상회담이 성사되었고, 같은 해 12월 28일 한일 양국 정부는 일본군 성노예 문제 타결을 선언함으로써 큰 외교적 진전을 보였다. 그러나 한일 간에는 아직도 독도 영유권와 역사교과서 왜곡 문제가 남아 있다. 아산정책연구원이 2015년 발표한 보고서 「한일관계에 대한 오해와 진실」에 의하면, 한국 국민의 37.3%가 독도 영유권 문제를, 36.1%가 일본의 역사교과서 왜곡 문제를 한일관계 개선의 가장 큰 장애물로 파악하고 있다. 향후 일본 자위대의 집단적 자위권 행사와 미일동맹 글로벌화는 이러한 역사·영토 문제와 안보협력 문제를 효과적으로 분리 대응하느냐에 달려 있다고 하겠다.

셋째, 2016년 미국 대선 결과 후 미국의 차기 정부가 어떤 입장을 취할지에 따라 일본의 보통국가화와 미일동맹 글로벌화의 미래가 큰 영향을 받을 것이다. 2016년 초반 공화당과 민주당 경선의 중간 지점을 지난 시점에서 도널드 트럼프(Donald John Trump)가 공화당 대선 후보로 지명되고, 민주당에서는 힐러리 클린턴(Hillary Rodham Clinton)이 대선 후보로 지명되었다. 만일 트럼프가 대선에 승리하여 공화당이 집권하고, 대선 공약을 외교안보정책에 실제로 반영한다고 가정할 경우, 미국은 일본에게 미일동맹에 대한 '공정한 기여'를 요구할 가능성이 크다. 일본 자위대의 역할 확대와 미일동맹의 지역 동맹화에 반대하지 않지만, 그에 대한 미국의 재정적 부담에는 단호한 반대 입장을 보이고, 일본 측이 부담을 책임지라고 강력히 요구할 것으로 보인다.[24] 반면 민주당이 대선에 승리하고 클린턴 후보가 새로운 미 대통령에 취임할 경우, 클린턴 후보가 오바마 정부에서 국무장관으로 추진하였던 아태 재균형 전략은 보다 힘을 얻을 것으로 보인다. 한 가지 변수가 있다면, 일본군 위안부 문제에 대한 아베 정부의 전향적인 입장 표명을 요구했던 과거 정책을 다시 강조할 것인지, 아니면 그 이슈에 대하여 새로운 입장을 취할 것인지가 주목된다.[25]

결론적으로 아베 정부가 당분간 독주할 것으로 예상되는 일본 국내 정치 상황을 제외하고는 일본 자위대의 집단적 자위권과 미일동맹의 미래에 영향을 미칠 수 있는 대부분의 변수들이 아직 확정되지 않았다는 점을 고려할 때, 향후 변화 양상을 구체적으로 예상하기는 어려운 것이 사실이다. 그러나 미국의 상대적 쇠퇴와 중국의 부상이라는 국제정치체제의 전반적인 변화 양상과 일본의 국가정체성 변화를 고려할 때, 두 가지 현상은 이제 국제정치의 돌이킬 수 없는 현상이 된 것으로 보인다.

24 "Japan–U. S. security alliance not fair, Donald Trump says," *The Japan Times*(August 27, 2015); "Donald Trump open to Japan and South Korea having nuclear weapons," *Financial Times*(March 27, 2016).

25 "U. S. presidential contenders vow status quo in Japan ties," *The Japan Times*(February 1, 2016); "Clinton says 'comfort women' should be referred to as 'enforced sex slaves'," *The Japan Times*(July 11, 2012).

참고문헌

김지윤 · 강충구 · 이지형. 2015. 『한일관계에 대한 오해와 진실』. 아산정책연구원.

김현수. 2012. 「미국의 신국방전략과 한국의 대비 전략」. 『국가전략』 18권 2호.

정일영 · 최용. 2005. 「미국의 중국 딜레마와 일본의 정상국가화」. 『통일연구』 19권 2호.

KDI국제정책대학원. 2015. 「일본의 동북아 전력과 북일관계 개선 실태전망」. 『동북아의 변화동향 평가 및 전망』. KDI국제정책대학원.

한국국방연구원. 2015. 「중장기 동북아 질서 전망과 한국의 대응 전략」. 『한국의 안보와 국방』. 한국국방연구원.

吉田裕. 2005. 『日本人の戦争観—戦後史のなかの変容』. 東京: 岩波現代文庫.

白井聡. 2013. 『永続敗戦論—戦後日本の核心』. 東京: 太田出版.

Armitage, Richard L. and Joseph S. Nye. 2012. "The U. S.–Japan Alliance: Anchoring Stability in Asia." *A Report for the CSIS Japan Chair*. August.

Berger, Thomas U. et al. (eds.). 2007. *Japan In International Politics: The Foreign Policies of an Adaptive State*. Boulder and London: Lynne Rienner Publishers, Inc.

Department of Defense. 2012. *Sustaining U. S. Global Leadership: Priorities for 21st Century Defense*. January. http://www.defense.gov/news/Defense_Strategic_Guidance.pdf (검색일: 2016. 2. 10).

Goh, Evelyn. 2011. "Japan, China, and the Great Power Bargain in East Asia." EAI Fellows Program Working Paper Series No. 32 (Seoul: East Asia Institute, November).

Green, Michael J. 2013. "Japan Is Back: Unbundling Abe's Grand Strategy." Lowy

Institute Analysis, December 17.

Ikenberry, G. John. 2008. "The Rise of China and the Future of the West: Can the Liberal System Survive?" *Foreign Affairs* 87:1, January/February.

Johnson, Jesse and Mizuho Aoki. 2015. "Islamic State Likely Gave Hostage Ultimatum Knowing Difficulty of Meeting It." *The Japan Times*, January 21.

Kohno, Masaru. 2007. "The Domestic Foundations of Japan's International Contribution." Thomas U. Berger et al. (eds.), *Japan in International Politics: The Foreign Policies of an Adaptive State*. Boulder and London: Lynne Rienner Publishers, Inc.

Kupchan, Charles A. 1998. "After Pax Americana: Benign Power, Regional Integration, and the Sources of a Stable Multipolarity." *International Security* 23:2.

Landler, Mark. 2014. "Obama Holds to Afghanistan Withdrawal Deadline." *The New York Times*, August 19.

Martin, Alexander. 2015. "Japan Hostage Crisis Revives Debate Over Military Force." *The Wall Street Journal*, January 26.

Mearsheimer, John J. 2006. "China's Unpeaceful Rise." *Current History* 105:690, April.

Miyake, Kuni. 2015. "Do China and the ROK really want to resolve the history issues?" *Sankei Shimbun English*, November 6.

Nye, Joseph S. 2015. *Is The American Century Over?* Malden, MA: Polity Press.

Obama, Barack. 2015. "2015 State of the Union Address." *The White House*, January 20.

Pempel, T. J. and Bong Youngshik (eds.). 2012. *Japan in Crisis: What Will It Take for Japan to Rise Again?* Seoul: The Asan Institute for Policy Studies.

Posen, Barry and Andrew Ross. 1996-1997. "Competing Visions for U. S. Grand Strategy." *International Security* 21:3, Winter.

Rice, Susan E. 2013. "America's Future in Asia." Speech Delivered at Georgetown University, November 20.

Steinberg, James and Michael O'Hanlon. 2014. *Strategic Reassurance and Resolve: US-China Relations in the Twenty-First Century*. Princeton and Oxford,

Princeton University Press.

Sugawa, Kiyoshi. 2000. "Time to Pop the Cork: Three Scenarios to Refine Japanese Use of Force." *Brookings Working Papers*, July.

Tow, William and Tomonori Yoshizaki(eds.). 2014. *Beyond the Hub and Spokes: Australia–Japan Security Cooperation*. Australian National University–The National Institute for Defense Studies (NIDS) Joint Research Series 10.

"Clinton says 'comfort women' should be referred to as 'enforced sex slaves'." *The Japan Times*, July 11, 2012. http://www.japantoday.com/category/politics/view/clinton-says-comfort-women-should-be-referred-to-as-enforced-sex-slaves (검색일: 2016. 2. 10).

"Donald Trump open to Japan and South Korea having nuclear weapons." *Financial Times*, March 27, 2016. http://www.ft.com/cms/s/0/c927017c-f398-11e5-9afe-dd2472ea263d.html#axzz445XKqpem (검색일: 2016. 2. 10).

"Japan–U. S. security alliance not fair, Donald Trump says." *The Japan Times*, August 27, 2015. http://www.japantimes.co.jp/news/2015/08/27/national/politics-diplomacy/japan-u-s-security-alliance-not-fair-donald-trump-says/#.VveRtbdf270 (검색일: 2016. 2. 10).

"U. S. presidential contenders vow status quo in Japan ties." *The Japan Times*, February 1, 2016. http://www.japantimes.co.jp/news/2016/02/01/reference/u-s-presidential-contenders-vow-status-quo-japan-ties/#.VveUsrdf270 (검색일: 2016. 7. 4).

제2장

일본의 위협 인식의 변화와 방위체제의 재정비

중국의 군사적 부상과 일본의 대응

임재환

1. 들어가는 말

왜 지금 집단적 자위권인가. 그리고 왜 지금 신안보법제인가. 이 물음은 물론 다양한 시각에서 검토되어야 할 문제이다. 무엇보다 아베 정부의 특정한 정책 선호를 고려하지 않을 수 없고, 그 배후에 있을지 모르는 일본 사회의 보수화 혹은 우경화의 추세를 이해해야 할 것이며, 나아가 그 기저에 존재하는 전후 안보체제의 구조적 모순, 그리고 장기간에 걸친 경제적 침체와 고령화 사회의 압력 또한 분석되어야 할 것이다.

그러나 이 논문에서는 집단적 자위권의 용인으로 대표되는 일본의 방위체제 및 안보정책의 변혁을, 일본의 대외적 위협 인식, 특히 중국의 군사적 위협에 대한 인식 변화를 중심으로 논하고자 한다. 일본의 대외 인식에서 중국이 가지는 의미는 예나 지금이나 거대하고 복합적이지만,[1] 이 논문에서는 특히 중국의 군사적 부상, 그리고 그에 수반된 동아시아 전략 환경의 변화에 대한 일본의 인식 변화를 중심으로 최근의 제도적·정책적 변화의 동기와 그 귀결을 살펴보고자 한다.

이 논문은 다음의 두 가지 이유에서 집단적 자위권의 도입을 포함한 일본의 안보정책 변화를 설명하고 그 향후를 전망하는 데 있어 중요한 의미를 가진다. 첫째, 정책 전환에 작용한 아베 혹은 아베 정부의 역할을 상대화하고 그 역할과 함의를 보다 적절히 평가하기 위한 국제정치적 문맥을 제공한다.[2] 둘째, 전후 일본의 안보체제가 장기간 노정

---

1 川島真, 「問題としての中国」, 遠藤誠治·遠藤乾(編), 『安全保障とは何か』(東京: 岩波書店, 2014).

2 아베 수상 개인의 정책 선호 혹은 아베 정부의 정책 어젠다의 일부로서 최근의 방

해 온 구조적 문제를 해결하기 위한 노력으로서 최근의 변화를 이해하는 다른 한편의 관점을 보완, 수정하려는 시도이다.[3] 즉 이 논문의 기본적인 문제의식은 아베의 야심과 동맹 내부의 정치 역학만으로는 일본의 방위체제 변화를 온전히 설명할 수 없다는 것이다.

결론을 미리 정리해 보면 다음과 같다. 첫째, 방위체제 개혁의 유력한 근거로서 일본 정부가 주장해 온 안보환경 악화의 '주요한' 원인이 중국의 군사적 부상이라는 점에 대해서는 아베 정부 이전부터 광범위한 합의가 형성되어 있었다. 둘째, 그러나 중국이 제기하는 군사적 위협은 미국의 동아시아 군사전략의 맥락 안에서 그 구체적인 내용이 상당 부분 규정되고 있다. 셋째, 일본의 위협 인식 변화에 결정적인 영향을 끼친 동중국해에서의 중국의 공세적 행동은 현 단계에서는 개별적 자위권에 의한 대응을 요하는 사항으로 인식되고 있으며, 그 결과 안보법제 개정 과정에서 중국의 군사적 위협이 전면적으로 부각되는 상황은 발생하지 않았다. 그러나 그 귀결로서, 동중국해에서 중국의 '현상변경' 행위에 대한 억지와 대처 능력의 강화는 여전히 초보적인 단계에 머물러 있다. 따라서 향후 일본 안보정책의 초점은 위기관리 메커니즘을 포함한 관련 능력의 정비와 증강에 집중될 것으로 보인다.

이 논문은 다음과 같이 구성되어 있다. 먼저 다음 절에서는 중국

위개혁을 설명하는 논의는 일본 국내외적으로 광범위하게 존재한다. 유사한 관점에 입각한 최근의 연구로는 Christopher W. Hughes, *Japan's Foreign and Security Policy Under the 'Abe Doctrine': New Dynamism or New Dead End*?(Basingstoke: Palgrave Macmillan, 2015).

3 이러한 의미에서 아베의 역할을 상대화하고, 동시에 일본의 안보체제의 연속성을 강조하는 최근의 연구로는 Adam P. Liff, "Japan's Defense Policy: Abe the Evolutionary," *The Washington Quarterly* 38:2(2015), pp. 79-99.

의 군사적 부상에 대한 일본의 위협 인식의 변화를 냉전 이후의 시기를 중심으로 간단히 고찰한다. 이어 일본의 위협 인식 내용을 규정하는 두 가지 핵심적 변수로서 동아시아에서 미중 간의 전략 경쟁과, 동중국해에서 중국의 행동 변화를 중심으로 일본 방위체제 전환의 내용을 설명하고 그 함의를 논의해 본다. 마지막으로 위기관리체제 구축을 둘러싼 움직임을 중심으로 대중 억지력 증강을 위한 일본 정부의 노력을 간단히 살펴본 후 결론에서는 중일관계에 대한 전체적인 평가와 전망을 제시해 보고자 한다.

2. 중국의 군사적 부상과 일본의 위협 인식

중국의 부상이 제기하는 문제의 복합성은 일본에게 예외적이지 않다. 경제와 안보의 관계에서 나타나듯 중국의 부상은 기회인 동시에 위협이며, 이 점은 일본에게도 마찬가지이기 때문이다. 그러나 동시에, 중국의 부상이 일본에 제기하는 문제는 동아시아의 여타 국가들과 동일하지 않다. 여기에는 중일 간의 국력의 격차, 정치체제의 차이, 양국 관계의 역사적 전개, 나아가서는 문화적 혹은 문명적 이질성과 같은 다양한 요소들이 작용하고 있다고 할 수 있다.

그러나 일본의 관점에서 볼 때, 중국의 부상이 제기하는 문제의 특수성과 중대성이 특히 민감하게 감지되는 곳이 군사안전보장 분야이다. 중국의 군사적 부상에 대한 일본의 민감성에는, 중일 간의 세력균형의 변화와 같은 시스템상의 압력은 물론,[4] 미일동맹의 전략적 지위와 역할, 그리고 영유권을 둘러싼 중일 간의 무력분쟁 가능성 등이 복합적으로 작용하고 있다. 결과적으로 중국의 군사적 부상은 이른 시점부터 대외안보환경에 대한 일본의 인식에 중요한 영향을 끼쳐 왔으며, 현재 중국은 일본의 국가 안전을 위협할 가능성이 가장 높은 '외적 세력'으로 인식되고 있다.[5]

이에 관련해 이 논문이 제기하는 첫 번째 주장은, 중국의 군사적 부상이 일본의 안전보장환경을 악화시키는 '주요한'(즉 북한의 미사일·핵 위협을 상회하는) 위협이 되었다는 점에 대해서는 이미 제2기 아베 정부 이전부터 광범위한 합의가 존재해 왔다는 점이다. 특히 일본 정부 내의 위협 인식은 상당히 명확한 형태(공식 용어로는 '우려사항懸念事項')로 아베 정부 출범 이전부터 공유되고 있었다. 이 점은 최근 방위체제의 변화와 그 정책 내용을 이해하기 위한 중요한 전제이다.

물론 이러한 위협 인식 변화의 시점을 특정하는 것은 용이하지 않다. 냉전 이후 일본의 위협 인식에 있어 중국이 전면에 등장한 계기는 1995~1996년의 대만해협 위기이다. 그러나 당시 논의의 초점은 미일동맹의 재정의 및 강화에 있었고 북한의 핵위협을 중심으로 중국의 군사적 의도에 대해서도 주의가 환기되었다고 하는 것이 정확한 이해일 것이다. 따라서 중국의 부상에 대한 구체적 대응이나 군사력 행사를 봉쇄하기 위한 전략과 관련된 논의는 거의 행해지지 않았다.

이러한 관점에서 보면 2004년의 방위계획대강의 중국에 관한 언

---

4 중일 간의 안보 관계에 대한 한국 내의 이론적·실증적 논의는 대부분이 양국 간의 세력 전이와 정책적 귀결의 분석에 초점을 맞추고 있는 듯이 보인다. 그러나 일본의 전략적 대응의 실태를 이해하고 중일관계의 동향을 구체적으로 전망하기 위해서는 양국 간의 세력균형의 변화 이외에 동맹과 시장, 국내 정치 등의 다양한 독립·매개 변수의 영향에 대한 세밀한 검토가 필요하다고 생각된다.

5 防衛省防衛研究所, 『中国安全保障レポート 2013』(東京: 防衛省, 2014), p. 7.

급은 주목해 볼 필요가 있다. 즉 처음으로 중국의 군비 증강에 대해 '특별한 주의'를 유지할 필요를 제기하고 있다는 점, 그리고 또한 처음으로 기동성과 긴급전개 능력을 갖춘 '다기능의 유연하고 효과적인' 군사 능력의 개발을 강조하고 있다는 점은, 적어도 정부 내의 정책 담당자 및 전문가 집단이 인식하는 위협의 문제가 변화하고 있음을 시사하고 있다고 보인다. 2009년의 민주당 정권의 출범은 이러한 맥락에서 방위 정책의 전환에 매우 중요한 함의를 가진다. 민주당의 정권 담당 시기와 중국의 행동 변화가 다양한 방식으로 노출되기 시작한 시기와 겹치고 있기 때문이다.[6]

일본의 위협 인식에 중국이 차지하는 비중의 증대를 시사하는 가장 명확하고 구체적인 증거는 2010년 12월 17일에 각의 결정된 방위계획대강의 기술에서 발견할 수 있다. 즉 일본 정부는 방위력의 기본적인 형태로서 소위 '탈위협론'에 근거한 종래의 기반적 방위력(Basic Defense Force) 구상의 사고를 전환, 남서 도서지역을 중심으로 실질적인 억지와 방어를 목적으로 한 '동적 방위력(Dynamic Defense Force)' 구상을 채용하였다. 이러한 방위 구상의 전환은 같은 해 발생한 중국 어선과의 충돌 사건과 남중국해에서 중국의 '고압적인' 해양 진출을 고려한 결과라고 할 수 있다. 관련하여 주목할 점은, 이러한 방위력 구상의 전환이 민주당의 간 나오토(菅直人) 정부에서 단행되었다는 사실이다. 즉 이는 대미 관계에 대한 정책 수정이 행해진 노다 요시히코(野田佳彦) 정부가 출범하기 전에 일어난 전환이며 중국의 행동 변화가 일본 정부에

6 神保謙,「外交·安保: 理念追求から現実路線へ」, 日本再建イニシアティブ,『民主党政権失敗の検証』(東京: 中央公論新社, 2013), pp. 140-155.

끼친 독자적 영향을 시사하는 예라고 할 수 있다.[7]

구체적으로 2010년의 방위계획대강에 드러난 중국 인식의 내용을 보면, "중국은 국방비를 지속적으로 늘리면서 핵과 미사일 전력, 해공군을 중심으로 한 군사력의 광범하고 급속한 근대화를 추진하고 있으며, 동시에 전력 투사 능력를 강화하고 주변 해역에서의 활동을 적극적으로 확대하고 있다. 이러한 동향은 중국의 군사와 안전보장에 관한 투명성의 부족과 함께 지역, 국제사회의 우려 사항이 되고 있다"고 지적하고 있다. 즉 중국의 군사력 증강에 대한 인식이 2004년의 '특별한 주의'에서 '우려'의 형태로 발전된 것이다.

중국에 대한 이러한 '우려'는 2013년의 방위계획대강에서 한층 더 구체화된다. 이례적으로 이른 시점에 확대 개정된 신방위계획대강은 먼저 중국의 군사력 증강에 대해, "주변 지역에서 타국의 군사적 접근과 전개를 저지하고 해당 지역에서 타국의 군사활동을 저해하는 비대칭적인 군사 능력의 강화에 힘쓰고 있다"고 지적하며 처음으로 중국의 반접근 지역거부(A2AD) 능력 증강에 대한 우려를 표했다.

한편 중국의 군사활동에 대해 신방위계획대강은 "동중국해와 남중국해를 비롯한 해공역 등에서의 활동을 급속히 확대, 본격화하고 있다"는 진단하에 구체적인 내용으로, "해양에서의 이해 대립과 관련한

---

7 동중국해에서의 어선 충돌 사건이 야기한 소위 '센카쿠쇼크'에 대해서는, Sheila A. Smith, *Intimate Rivals: Japanese Domestic Politics and a Rising China*(New York: Columbia University Press, 2015), pp. 222-224 참조. 한편 유사한 관점에서 2010년의 어선 충돌 사건이 이후의 방위정책 변화에 끼친 영향을 강조하는 최근의 연구로는, Kei Koga, "The rise of China and Japan's balancing strategy: critical junctures and policy shifts in the 2010s," *Journal of Contemporary China*(April 2016), pp. 1-16 참조.

문제에 대해 힘에 의한 현상변경의 시도를 보이"는 한편, "일본 주변의 해공역에 대한 단속적인 침범은 물론 독자적인 주장에 의거한 '동중국해 방공식별권'의 설정과 같은 불측 사태를 초래할 수 있는 행위를 일으키고 있다"고 지적하고 있다. 군사활동의 전망에 대해서는, "중국은 함정이나 항공기에 의한 태평양 진출을 항구화하고 일본의 북방을 포함한 영역으로 활동 범위를 확대하는 등 적극적인 전방 전개를 꾀하고 있다"고 지적한 후, 이러한 중국의 동향에 대해 깊은 우려를 표하는 동시에 주의 깊은 관찰의 필요성을 제기하고 있다.

이러한 신방위계획대강의 중국 인식은 특정 국가의 군사적 위협에 대한 공식적인 기술로는 전례가 없을 정도로 구체적이다. 예를 들어 사도 아키히로(佐道明廣)는 냉전 시기 일본『방위백서』에서 소련에 대한 기술을 예로 들면서 최근의 방위정책에 나타나는 대중 위협 인식의 특징을 지적하고 있다. 즉 냉전 시기에는 형식적으로는 가상적(假想敵)이 존재하지 않는다는 입장을 취하고 있던 까닭에 소련에 대한 기술은 대체적으로 사실 관계를 확인하는 차원에 머물러 있었다. 그러나 중국에 대한 최근의 기술은 중국의 행동이 국제법을 위반하고 일본을 포함한 주변 국가들에 위협을 제기할 수 있는 '가능성'에 대해 명시적으로 언급하고 있다. 즉 이는 "중국의 행동이야말로 일본에게 있어 최대의 안전보장인 동시에 국가안보전략의 장기적인 테마라는 것"을 명확히 보여 주고 있는 것이다.[8]

---

[8] 佐道明広,『自衛隊史』(東京: ちくま新書, 2015), p. 263. 한편 또 다른 주요 위협으로 북한의 기술을 보면 군사행동의 구체적 내용을 지적하는 공통점이 있으나 그 잠재적 의도에 대한 논의는 생략되어 있는 차이점이 있다. 북한의 위협에 대한 인식 변화에 대해서는, Christopher W. Hughes, "'Super-Sizing' the DPRK

결국 이 같은 방위계획대강의 중국 인식의 변화에서 알 수 있는 것은, 중국의 군사적 부상에 대한 일본의 인식이 군사력 증강에 대한 단순한 관심을 넘어 구체적인 군사행동의 내용 및 그 장기적 의도에 대한 우려와 불안으로 심화, 확대됐다는 점이다. 바꿔 말하면, 동아시아 지역의 전략환경을 악화시키는 '잠재적' 불안 요인에서 일본의 안전보장을 직접적으로 위협하는 '현재적 위협'으로 중국의 군사력 증강의 함의가 변화한 것이다. 이 같은 인식 변화를 고려하면 최근의 방위계획대강에서 중국의 정책 과정의 불투명성에 대한 지적이 감소한 것은 상당히 시사적이다. 적어도 일본의 주변 영역에 국한해 볼 때, 중국의 군사력 증강 의도는 더 이상 불투명하지 않기 때문이다.

이상 이 절에서는, 중국의 부상이 함의하는 복합성에도 불구하고 2000년대 초반 이후 일본은 중국 부상의 군사적 측면에 대해 특별한 관심을 가져 왔다는 점, 그리고 그러한 관심은 일본 주변의 해공역에 있어서 중국의 행동을 통해 그 군사적 의도에 대한 강한 우려로 발전했다는 점, 이러한 위협 인식 변화의 측면에서 안보정책 전환의 실질적 계기가 마련된 것은 민주당 정권하에서라는 점 등을 지적했다. 이어 다음 두 절에서는 이러한 위협 인식의 변화가 최근의 법제개혁과 안보정책의 전환에 구체적으로 어떻게 반영되었는지를 두 가지 매개변수, 즉 미국의 대중국 군사전략과 동중국해에서의 영토 문제를 중심으로 살펴보려고 한다.

Threat: Japan's Evolving Military Posture and North Korea," *Asian Survey* 49:2(2009), pp. 291–311 참조.

3. 미중 간의 전략 경쟁과 일본의 위협 인식

최근의 일본의 방위체제 변화를 중국의 군사적 위협과 관련하여 볼 때 검토해야 할 중요한 논점은 동아시아 지역에서 미국의 군사전략이 일본의 방위정책에 어느 정도, 그리고 어떠한 영향을 끼치고 있느냐는 문제이다. 물론 미국이 중국을 유일무이한 잠재적 혹은 현재적 위협으로 간주하고 있는 것은 아니지만, 중국과의 전략 경쟁이 미국의 안보정책과 작전행동에 핵심적인 요소가 되고 있다는 점을 부정할 수는 없다.

이에 대해 이 논문은, 최근 안보정책의 변화와 관련해 볼 때, 일본에 있어 중국의 군사적 위협은, 미중 간의 전략적 경쟁의 문맥에서 그 구체적인 내용이 상당 부분 규정되고 있다는 점을 강조하고자 한다. 물론 일본의 안전보장정책에 있어 미일동맹이 점하는 중요성을 고려할 때 이는 당연한 귀결이라고 할 수 있지만, 현실은 그리 단순하지 않다.

먼저 미중 간의 전략 경쟁에 있어 주목해야 할 최근의 두 가지 핵심 변수는 ① 중국의 A2AD 능력의 급격한 신장과 미국의 전략적 대응, 그리고 ② 남중국해에서의 중국의 공세적인 '현상변경'의 시도와 군사적 함의를 강하게 내포하는 미국의 아태 재균형(rebalancing) 전략이다. 지면의 제한상 두 가지 변수의 등장 배경에 대한 자세한 논의는 생략하고 여기서는 일본의 위협 인식과 방위정책에 끼친 영향을 간단히 살펴보고자 한다.

먼저 일본의 관점에서 중국의 A2AD 능력, 특히 단·중거리 미사일 능력의 신장은 다음 절에서 논의할 동중국해에서의 군사활동과 비교해 볼 때 직접적인 위협의 대상이라고 보기는 어렵다. 오히려 문제는, 중국의 미사일 능력 증강에 대한 미국의 강한 우려와 A2AD 대항 전략 구상, 그리고 그 안에서 일본의 전략적 위치이다.

잘 알려진 것처럼 공해전으로 집약되는 미국의 새로운 작전구상은 한정적이나마 중국의 본토 공습을 핵심적인 요소로 하고 있으며 공습을 위한 준비 과정에서 일본에 위치한 미군기지는 중국의 일차적인 미사일 공격을 일정 부분 '흡수'해야 하는 역할을 수행한다. 한편 자위대는 제1열도선에 방위 라인을 설정하고 중국군의 서태평양 진출을 저지하여 미군의 반격태세 정비를 위한 시간을 벌어야 한다. 결국 그 과정에서 자위대의 인원과 장비가 상당한 피해를 입을 것이라는 것은 말할 필요도 없다. 물론 현 단계에서는 어디까지나 작전구상에 불과하지만, 중국의 군사력 증강에 대한 미국의 주된 대항 전략에는 일본의 안전을 저해하는 요소가 명시적으로 포함된 것이다.[9]

하지만 그럼에도 불구하고 (혹은 그렇기 때문에) 일본은 군사적인 측면에서 미국의 위협 인식을 적극적으로 공유하고, 동시에 재균형으로 집약되는 새로운 전방전개 전략에 대한 일체화를 추진하고 있다. 그리고 그중 중요한 성과이자 준비가 최근의 방위체제 및 안보정책의 전환이라는 점은 재론의 여지가 없을 것이다. 구체적으로는, 미중 간의 최대 쟁점 사항인 남중국해에서 항행의 자유에 대한 중국의 공세적 행동과 위협에 대해 일본은 미국의 문제 인식을 적극적으로 수용하는 동시에 현재의 군사적 능력에서 가능한 최대한의 협력을 약속하고 있다.[10]

9 布施哲, 『米軍と人民解放軍: 米国国防省の対中戦略』(東京: 講談社, 2014), pp. 204-205.

10 松本太, 「南シナ海問題と日米同盟」, 世界平和研究所(編), 『希望の日米同盟: アジア太平洋の海上安全保障』(東京: 中央公論新社, 2016), pp. 171-199.

그러나 이러한 약속의 실행, 그리고 근원적으로는 미국의 동아시아 전략에 대한 군사적 일체화의 시도에는 명확한 한계가 존재한다고 말할 수 있다. 많은 전문가가 지적하는 군사적 능력의 제약을 별개로 하더라도, 예를 들어 남중국해에서 중국이 추진하는 '현상변경'의 저지를 위해, 주변 국가들의 능력 향상(capacity building)에 대한 지원 이외에 일본이 무엇을 할 수 있을 것인가에 대한 합의가 현재 정책서클 내에서 형성되어 있다고는 결코 말할 수 없다. 이는 안보 관련법이 통과되는 과정에서 남중국해 유사시를 대비한 공동훈련과 작전계획은 물론, 애초에 어떠한 상황이 자위대의 활동 범위로 새롭게 규정된 존립위기 혹은 중요영향사태에 해당하는지에 대한 검토가 결여되어 있던 점에서도 잘 관찰할 수 있다.[11]

한편 미국과의 군사적 연계를 강화하기 위한 일본의 노력은, 장기적으로 미국의 대중 군사전략의 '진화'와 함께 새로운 도전에 직면할 수 있다는 점을 지적하지 않을 수 없다. 즉 공해전 구상에 이어 중국의 A2AD 능력에 맞서는 대안 전략으로 부상하고 있는 '제3 상쇄전략(a third offset strategy)'은 일본의 방위체제에 새로운 변수가 될 수 있다. 즉 무인화 기술, 스텔스 기술, 지향성 에너지 관련 기술 등의 개발과 응용을 통해 외부 기지에 대한 의존을 최소화하고 병력의 지리적 분산을 통해 전방전개 능력의 '강인성(resilience)'을 높이려는 이 전략 구상은, 만약 구체화된다면 일본의 전략적 위치에 중대한 변화를 일으킬 것이 분명하다.[12]

---

11 일본외무성 정책 담당자와의 인터뷰(2015. 11. 25).

12 高橋杉雄, 「米中軍事戦略の相関と日本の安全保障」(日本国際政治学会全国大会報告: 仙台, 2015), pp. 12-14.

결국 이러한 미중 간 군사 경쟁과 일본의 전략적 위치에 존재하는 불확실성을 고려해 볼 때, 영유권을 둘러싼 최근 남중국해의 긴장 고조는 동아시아 안보질서의 '현상유지'를 위한 일본의 정책적 선호와 역할을 과시할 수 있는 절호의 기회를 제공하고 있다고 할 수 있다. 직접적인 위협의 부재와 군사 역량의 제약에도 불구하고 일본 정부 내외에서 현재 활발한 논의가 진행 중인 것은 바로 이 때문이며, 최근 방위체제의 변혁은 미일동맹 협력의 새로운 제도적 플랫폼으로서 다양한 가능성을 제시해 주고 있다고 생각된다.

4. 동중국해의 영토 문제와 일본의 위협 인식

미국과 중국의 전략 경쟁과는 구별되는 문맥에서 현재 일본의 안전보장을 둘러싼 논의의 중심은 전시도 평시도 아닌 소위 '그레이존(gray zone) 상황'에 대한 억지와 방어 능력의 구비에 놓여 있다. 이러한 문제 인식은 2013년에 결정된 방위계획대강에서 "영토와 주권, 해양의 경제적 권익 등을 둘러싸고 평시도 전시도 아닌 사태, 즉 그레이존 사태가 증가하는 경향"이 있는 가운데, 특히 아태지역에 있어서는 이러한 그레이존 사태가 "장기화되는 경향을 보이고 있으며, 보다 중대한 사태로 전환될 가능성이 높아지고 있다"는 기술에서 나타나고 있다. 이에 2014년 7월의 집단적 자위권에 대한 각의 결정에서는 "무력공격에 이르지 않는 침해에 대처"라는 표현 아래 "상황에 대응하는 조기의 지령과 절차의 간소화를 위한 방책을 구체적으로 검토"할 것을 명기하고 있다.

그레이존 상황에 대한 최근의 관심이 중국의 군사적 부상에 의한 해양 진출의 확대, 특히 동중국해에서의 중국 정부와 군의 '도발적인' 활동에 그 원인이 있다는 것은, 정책 논의의 타이밍과 내용을 볼 때 의심의 여지가 없다. 이는 중국 어선과 일본 순시선의 충돌이 있었던 2010년 각의 결정된 방위계획대강에 처음으로 "영토와 주권, 경제권익을 둘러싼, 무력분쟁에 이르지 않는 대립과 분쟁"으로서 그레이존에 대한 기술이 등장하고 있다는 점, 그리고 실제로 그레이존 사태에 대한 논의가 가정하는 가장 일반적인 시나리오가 무장 집단 혹은 무장 어민의 센카쿠 열도 불법 상륙이라는 점에서 관찰할 수 있다.

흥미로운 것은, 이와 같은 구체적이고 명확한 위협 인식에도 불구하고 일본 정부가 집단적 자위권의 용인과 안보법제 제정에 이르는 정치 과정에서 중국의 위협을 전면적으로 부각시키지는 않았다는 점이다. 추측 가능한 한 가지 이유는 동중국해의 도서방위, 그리고 구체적인 문제로서 그레이존 사태에 대한 대응은 현시점에 기본적으로 '개별적 자위권'에 의한 대응을 요하는 문제이기 때문으로 보인다. 즉 중국에 대한 위협 인식이 동중국해에서 중국의 공세적 행동과 그로 인해 발생 가능한 위기 상황, 즉 전면적인 무력 충돌로의 확대를 전제하지 않는 상황을 그 대상으로 하고 있음을 보여 주는 예라고 할 수 있다. 물론 이러한 고려는 결과적으로 주변 안보 상황의 악화에 대한 정부 설명의 근거를 약화시킴으로써 안보법제를 둘러싼 사회적 혼란을 가중시키는 원인을 제공하였다.[13]

---

13 실제로 아베 수상은 2015년 5월부터 7월 사이의 중의원 안보법제 심의의 답변에 있어 "중국의 위협"이라는 단어를 거의 사용하지 않았다. 이는 8월의 예정된 전후 70주년 담화를 앞두고 중국을 불필요하게 자극하지 않으려는 의도의 소산으로 볼

이렇게 보면 안보법제 제·개정을 통한 방위태세의 전환은 현재 일본의 안전보장에 있어 가장 절실하게 인식되는 문제에 대해 실질적인 해결안을 제시하지 못하고 있다는 평가도 가능하다. 실제로 방대한 내용으로 구성된 안보 관련법에는 그레이존 사태에 대한 구체적인 대응 조치가 포함되어 있지 않다.[14] 즉 안보 관련법 제·개정의 주된 의도는 제1기 아베 정부에서부터 견지되어 온 안전보장의 법적 기반에 대한 문제 의식의 집대성에 있었고, 구체적으로는 ① 집단적 자위권 행사의 용인, ② (타국에의 후방지원을 가능하게 하는) 주변사태 개념의 확장, ③ 평화유지활동에 있어서 자위대의 역할 확대, ④ 평시에 있어서 타국에 대한 무기 제공 및 방호 실현 등을 내용으로 하는 점에 있어, '중국의 군사적 위협에 대한 실질적 대응'을 그 주된 내용으로 하지는 않다고 말할 수 있다.

물론 아베 정부는, 동중국해의 문제를 안보 관련법보다는 현 방위개혁대강 혹은 미일 신가이드라인에서 다루어져야 할 문제로서 인식하고 있었을 가능성도 존재한다. 특히 신가이드라인에 있어서는, '동맹조정 메커니즘'의 창설로 평시에서 유사시에 이르기까지 '끊어짐 없는(seamless)' 협력이 용이해졌다는 점, 그리고 공동작전계획의 책정을 개시하도록 했다는 점 등에서 그레이존 사태를 포함한 미일 공동의 방위체제를 실질적으로 진전시켰다는 평가도 가능하다.

수도 있지만, 결과적으로는 안보법제와 안전보장환경 변화 관계를 애매하게 하는 상황을 낳았다고 할 수 있다. 그 후 아베 수상은 8월부터 9월에 걸친 참의원 심의에 있어 중국을 언급하는 방향으로 태도를 바꿨으나 여전히 논의가 집중된 곳은 호르무즈 해협의 기뢰 제거와 북한 유사(有事)의 문제였고, 중국에 제기하는 위협의 내용과 대응에 관련된 공개적 논의는 부재하는 상황이 초래되었다.

14 読売新聞政治部, 『安全保障関連法: 変わる安全保障』(東京: 信山社, 2015), p. 72.

다만 문제는, 개별적이든 집단적이든 그레이존 상황에 대한 억지와 방어가 군사적으로 대단히 어렵다는 점에 있다. 전통적인 억지이론에서 지적해 온 것처럼 그레이존 상황에 해당하는 도발행동, 특히 시간적 여유를 주지 않고 기정사실을 형성하는 '기정사실화(fait accompli)' 전략, 혹은 억지력이 발동하는 최저한의 사태를 측정하려는 '탐색행동(probing)'에 대한 억지는 일반적으로 용이하지 않다.[15]

이에 대해 일본 정부는 2010년의 방위계획대강에서 소위 프레젠스 패트롤(지속적 순찰)을 중심으로 하는 경계 감시 활동의 상시화를 통해 주변국의 팽창주의적 의도를 견제하는 '동적 억지' 방안을, 2013년 방위계획대강에서는 "사태의 추이에 맞추어 훈련, 연습 등을 전략적으로 실시하고 안전보장환경에 최적화된 병력 배치와 기동적인 병력 전개를 포함한 대처 태세의 신속한 구축을 통해 방위의사와 능력을 인지시키고 사태의 심각화를 억제"하는 방안을 각각 제시하고 있다.

이러한 계획에 입각하여 현재 동중국해 도서지역의 방위력 증강을 위한 구체적인 조치가 검토 혹은 실시 단계에 와 있다. 즉 남서제도 방위력 강화의 일환으로 일본 최서단의 오키나와(沖縄) 현 요나구니(与那国町) 섬에 경계 감시 부대의 배치가 결정된 가운데 이시가키(石垣) 섬과 미야코(宮古) 섬에도 불법 세력의 침입과 장악을 억지하기 위한 육상자위대의 병력 배치가 검토 중이다.

한편, 이러한 전략적 대응과 함께 중요한 것은 국내의 법제조치, 즉 경찰력(해상보안청)에서 군사력(해상자위대)의 유연하고 '끊어짐 없는'

15 Alexander L. George and Richard Smoke, *Deterrence in American Foreign Policy: Theory and Practice*(New York: Columbia University Press, 1974), pp. 534–548.

이행을 어떻게 제도화할 수 있을 것인가 하는 문제이다.[16] 이에 대해 정부 내에서는 경찰권에 의한 자위대의 출동 절차를 간소화하고 자위권의 발동을 신속화하는 방식으로 경찰권과 자위권의 간극을 메우는 방안과 함께, 치안 출동에 앞서 요구되는 각의 결정의 절차를 개정하려는 시도가 행해지고 있으나 관련 제도의 정비는 여전히 초기적인 단계에 있다. 이에 더해 언제, 그리고 어떠한 행동에 의거하여 그레이존 상황을 유사 상황으로 전환할 것인지, 그리고 이 경우 무기 사용의 범위를 어떻게 규정할 것인지 등, 그레이존 상황에 대해서는 정치적 판단을 요구하는 다양하고 복잡한 문제들이 여전히 미해결 상태로 남아 있다.[17]

이상 이 절에서는, 동중국해에서 중국의 해양활동이 초래한 위협 인식의 변화가 소위 그레이존 상황에 대한 억지와 대처 능력의 증강이라는 새롭고도 난해한 과제를 일본에 제기하게 되었다는 점, 그러나 이에 관련하여 신안보법제와 동맹협력의 신가이드라인은 여전히 많은 문제를 미해결 상태로 남겨 두고 있다는 점 등을 지적했다. 이에 다음 절에서는 동중국해에서의 억지력 증대를 위한 또 다른 정책적 노력으로서, 중국과의 연락 메커니즘의 구축과 운용에 관련된 일본 정부의 움직임을 검토해 보고자 한다.

---

16 植木千可子,『平和のための戦争論: 集団的自衛権は何をもたらすのか』(東京: ちくま新書, 2015), p. 101.

17 관련 쟁점에 대한 국회 논의에 대해서는, 森川幸一,「グレーゾーン事態対処の射程とその法的性質」,『國際問題』No. 648(2016), pp. 29-38 참조.

5. 중일 간의 위기관리와 일본의 방위체제

일반적으로 억지가 성공하기 위해서는 적어도 다음의 두 가지 조건이 충족되어야 한다. 첫째는 상대의 무력행사를 부정 혹은 보복할 수 있는 능력과 의지의 보유, 둘째는 그러한 능력과 의지를 신뢰 가능한 형태로 상대국에 전달할 수 있는 수단의 보유이다. 이러한 관점에서 보면 앞서 논의해 온 미일동맹의 강화와 그레이존 상황에 대한 대처 능력의 증강은 이 중 첫 번째 조건을 만족시키기 위한 노력이라고 말할 수 있다.

남아 있는 문제는 억지력의 또 한 가지의 요건, 즉 당사국의 능력과 의지를 상대국에 설득력 있게 전달하고 아울러 상황에 대한 인식을 공유할 수 있는 수단을 어떻게 확보할 것인가에 있다. 이 점과 관련하여 불측 사태, 특히 동중국해에서의 우발적인 군사적 충돌의 방지를 목적으로 중일 간에 논의가 진행되고 있는 것이 방위 당국 간의 커뮤니케이션 채널의 설치와 운용이다. 이는 현시점에서 중일 간의 군사적 긴장을 관리할 수 있는 거의 유일한 정책적 대안이라는 점에서 그 실현에 큰 관심이 모아지고 있다.

위기 발생 시 혹은 유사시의 직접적인 커뮤니케이션 수단으로는 먼저 양국 지도부 혹은 방위 당국자 간의 직통 연락망, 즉 핫라인이 존재한다. 이에 중일 수뇌부 간의 핫라인은 1998년에 논의가 시작되어 2000년에 이미 개통된 바 있다. 문제는 양국 정상의 취임인사 시를 제외하고 현재까지 핫라인이 사용된 증거가 없다는 점, 또한 실질적이고 효과적인 운용을 위한 제도적 노력이 행해지지 않고 있다는 점이다.

이러한 맥락에서 보면 2007년 제1기 아베 정부하에서 중일 간 해상 연락 메커니즘의 구축과 운용에 관한 구체적 논의가 시작된 것은 주목할 만하다. 〈표 2-1〉은 2007년 이후 현재에 이르기까지 관련 논의의 진행 상황을 정리한 것이다. 먼저 협상 개시 이후 2012년 9월 협상이 중단되기 전까지 합의된 사항으로는, 방위 당국 고위간부 간의 정기회합의 개최, 방위 당국 간의 핫라인 설치, 그리고 함정 혹은 항공기 현장에서의 무선통신을 위한 준비의 세 가지 사항이다.

교섭 중단 후 2년 만에 개최된 2015년 1월의 과장급 회의에서는 기존 합의 사항을 재확인하고 연락 메커니즘의 명칭을 해상 연락 메커

표 2-1. 중일 방위 당국 간 연락 메커니즘을 둘러싼 움직임

2007. 4	아베 수상과 원자바오 수상, 관련 협의 개시에 합의
2008. 4	베이징에서 제1차 협의
2010. 10	도쿄에서 제2차 협의
2012. 6	베이징에서 제3차 협의, 메커니즘의 큰 틀에서 합의
2012. 9	일본 정부가 센카쿠(댜오위다오) 열도를 국유화로 협의 중단
2013. 1	동중국해의 공해상에서 중국 군함이 해상자위대 호위함에 사격용 화기관제 레이다를 조준
2013. 11	중국이 동중국해 상공에 방공식별권 설정을 발표
2014. 5	동중국해 상공에서 중국군의 전투기가 자위대기에 이상접근
2014. 11	아베 수상과 시진핑 국가주석이 연락 메커니즘의 운용 개시를 위한 협의 재개에 합의
2015. 1	도쿄에서 관련 협의 재개
2015. 7	중일 정부, 해공 연락 메커니즘에 대한 양국 간 협의가 최종 단계에 도달했음을 발표
2015. 11	말레이시아에서 4년 만에 중일 국방장관회담, 연락 메커니즘의 조기 운용 개시에 합의
2015. 12	중국 푸젠성 아모이에서 중일 고급 사무해양협의(제4회) 개최, 연락 메커니즘의 조기 운용 개시를 위한 논의 계속에 합의

출전: 일본경제신문, 아사히신문 관련 보도에 근거하여 작성

니즘에서 해공 연락 메커니즘으로 변경하였다. 이러한 명칭의 변경은 〈표 2-1〉에서 나타나듯이 2014년 5월에 발생한 중국군 전투기의 이상 접근 시도가 환기시킨 공역에서 의사소통의 필요성을 반영한 결과이다. 또한 동 회의에서는 우발적 충돌 방지의 실효성을 높이기 위한 수단으로서 행동규범의 작성이 제안되었다.

이어 2015년 6월에는 위기 시의 통신방식을 확정하고 쌍방 부대에 교육과 훈련을 하여 실질적인 운용을 개시한다는 점에 양국 간의 의견 일치가 이루어졌다. 구체적으로는 함선·전투기의 우발적 접근 시 사전에 지정한 주파수를 통한 영어 의사소통 실시, 중일 방위당국 책임자 간의 핫라인 설치, 그리고 중일 간 해양 안전보장 정책을 논의하는 국장급 혹은 차장급 연례회의 및 통신수단 등의 유지 보수를 위한 과장급 회의의 개최 등이 합의되었다.

하지만 이러한 진전에도 불구하고 해공 연락 메커니즘의 운용에 대한 양국 간의 노력은 다양한 한계를 노정하고 있다는 점을 지적해야 한다. 무엇보다 상기 사항을 포함한 합의 문서의 서명과 연락 메커니즘의 운용 개시 자체가 지연되고 있다는 사실을 들 수 있다. 지연의 이유로서 항공자위대의 긴급발진에 대한 중국 측의 문제 제기 혹은 중국의 계속적인 유전 개발에 대한 일본의 문제 제기 등이 제시되고 있는 가운데 메커니즘의 조속한 운용 개시의 원칙적 입장만이 재확인되고 있는 상황이 지속되고 있다.[18]

그러나 설령 양국 간의 연락 메커니즘의 운용이 예정대로 개시된다고 하더라도 동중국해에서의 위기관리에 어느 정도의 효과를 발휘할

18 『朝日新聞』(2015. 11. 25).

것인가는 확실치 않다. 무엇보다 해당 메커니즘의 적용 범위가 공해상으로 제한되어 있어 영해와 영공에는 효력이 미치지 않기 때문이다. 즉 양국이 영유권을 주장하는 센카쿠 열도 주변 해공역에의 긴급상황은 현 단계에서는 연락 메커니즘의 적용 범위에서 벗어나 있다. 이러한 결정적인 한계를 고려하면 양국 간 위기관리의 노력이 현재 어떠한 단계에 도달해 있는지는 명백하다고 할 수 있다.[19]

전체적으로 볼 때, 억지력 증강을 위한 커뮤니케이션 채널의 구축과 제도화의 노력은 여전히 초기 단계, 즉 대화의 지속을 통한 신뢰양성의 단계에 머물러 있다고 말할 수 있다. 나아가 미중 간의 군사관계가 보여 주듯이 설령 연락 메커니즘이 구축된다고 하더라도 그것이 효율적·지속적으로 기능하기 위해서는, 정치적 맥락과 분리된 방위 당국자 간의 독자적·전문적인 네트워크의 형성, 그리고 이를 위한 양국 군대 간의 지속적인 교류활동이 필수적이라고 할 수 있다.[20] 그러나 중일 군사교류의 진전은 함정 교류의 전면 중단으로 보아 현시점에서 대단히 불확실한 상황에 놓여 있다.

---

19 일본방위성 정책 담당자와의 인터뷰(2015. 12. 2).

20 군사교류의 정치적 맥락과의 분리는 중국의 정책 담당자도 그 필요성을 인지하고 있는 부분이다. 예를 들어 중국외교부의 간부는 "해상 연락 메커니즘의 문제는 아베 수상의 전후 70주년 담화와 분리해서 생각하고 있고 그렇게 하지 않으면 안 된다고 생각한다"고 밝힌 바 있다. 『日本経済新聞』(2015. 6. 26).

6. 맺음말

아베 정부 출범 이후 안보법제 간담회에서 집단적 자위권의 해석을 거쳐, 최근의 안보 관련법의 제·개정에 이르기까지 일본 정부가 방위체제의 전환을 정당화하기 위해 강조해 온 것이 일본을 둘러싼 안전보장환경의 '격변' 혹은 '악화'이다. 그러나 안보 관련법 개정을 둘러싼 최근의 정치 사회적 혼란을 볼 때, 방위체제 전환의 실질적 근거로서 안전보장환경의 '격변'과 '악화'는 정부 당국과 소수 정책전문가 그룹 이외의 영역으로부터 광범위한 합의를 이끌어 내는 데 크게 성공하지 못했다고 보여진다.

그러나 그럼에도 불구하고 안보 관련법의 통과와 미일동맹의 강화, 그리고 방위체제와 안보정책의 전환으로 집약되는 현실의 급속한 변화는, 중국의 군사적 부상이 일본에게 제기하고 있는 위협이 이미 상당 기간을 통해 실질적이면서 구체적인 내용을 획득해 왔다는 것을 강하게 시사하고 있다. 이 논문은 정책 전환을 추동해 온 대중 위협 인식의 본질이 지난 10여 년간 군사력 증강에 대한 단순한 '관심'에서 '힘을 통한 현상변경'의 의도에 대한 심각한 '우려'로 확대됐다는 것을 명확히 하고 있다.

물론, 중국의 무기체계와 운용 능력, 그리고 군사력 활용의 정치적 의도에 대해서는 일본에서도 다양한 의견과 해석이 존재한다. 또한 이미 지적했듯이, 미국과의 동맹협력을 통해서든 개별적 억지력의 증강을 통해서든, 중국의 군사적 위협에 대한 실질적인 대처의 형태와 방법에 대해서는 여전히 다양한 가능성이 남아 있는 것이 사실이다.

하지만 일본과 중국의 세력균형 변화, 그리고 지정학적·정치체제적 요인과도 맞물려 중국이 일본에 제기하는 군사적 위협이 향후 그 내용과 정도에 있어서 개선 혹은 완화되어 갈 것으로 전망하는 것은 용이하지 않다. 결국 이러한 위협 인식과 이를 추인하는 현실의 정책 변화로 인해 일본과 중국의 관계는 군사적으로 이미 전략적 경쟁의 단계로 진입했다고 보는 것이 적절하다. 즉, 현상 유지의 의도에 대한 기대를 사실상 부정해 버린 상황에서 일본이 선택할 수 있는 유일한 옵션은, 우발적인 무력 충돌과 확대 방지를 포함한 위기의 안정성(crisis stability)의 유지에 있다고 보여지며, 이에 따라 단·중기적으로 위기관리 메커니즘의 구축과 운용에 외교적 노력이 집중될 것으로 전망된다.

참고문헌

高橋杉雄. 2015.「米中軍事戦略の相関と日本の安全保障」. 日本国際政治学会全国大会報告: 仙台.

読売新聞政治部. 2015.『安全保障関連法: 変わる安全保障』. 東京: 信山社.

防衛省防衛研究所. 2014.『中国安全保障レポ ート2013』. 東京: 防衛省.

森川幸一. 2016.「グレーゾーン事態対処の射程とその法的性質」.『國際問題』No. 648.

松本太. 2016.「南シナ海問題と日米同盟」, 世界平和研究所(編).『希望の日米同盟: アジア太平洋の海上安全保障』. 東京: 中央公論新社.

植木千可子. 2015.『平和のための戦争論: 集団的自衛権は何をもたらすのか』. 東京: ちくま新書.

神保謙. 2013.「外交·安保: 理念追求から現実路線へ」. 日本再建イニシアティブ.『民主党政権失敗の検証』. 東京: 中央公論新社.

佐道明広. 2015.『自衛隊史』. 東京: ちくま新書.

川島真. 2014.「問題としての中国」. 遠藤誠治·遠藤乾(編).『安全保障とは何か』. 東京: 岩波書店.

布施哲. 2014.『米軍と人民解放軍: 米国防総省の対中戦略』. 東京: 講談社.

豊下楢彦古関彰一. 2014.『集団的自衛権と安全保障』. 東京: 岩波新書.

George, Alexander L. and Richard Smoke. 1974. *Deterrence in American Foreign Policy: Theory and Practice*. New York: Columbia University Press.

Hughes, Christopher W. 2009. "'Super-Sizing' the DPRK Threat: Japan's Evolving Military Posture and North Korea." *Asian Survey* 49:2.

Hughes, Christopher W. 2015. *Japan's Foreign and Security Policy Under the 'Abe Doctrine': New Dynamism or New Dead End?* Basingstoke: Palgrave Macmillan.

Koga, Kei. 2016. "The rise of China and Japan's balancing strategy: critical junctures and policy shifts in the 2010s." *Journal of Contemporary China*, April.

Liff, Adam P. 2015. "Japan's Defense Policy: Abe the Evolutionary." *The Washington Quarterly* 38:2.

Smith, Sheila A. 2015. *Intimate Rivals: Japanese Domestic Politics and a Rising China*. New York: Columbia University Press.

제3장

일본 아베 정부의 보통군사국가화 평가

국가안보전략서, 집단적 자위권, 미일 가이드라인, 안보법제에 대한 종합적 이해

박영준

1. 들어가는 말

2012년 12월 아베 정부의 출범 이후 지난 3년간 안보체제 측면에서 일본은 큰 변화를 보여 왔다. 2013년 12월, 최초의 국가안보전략서가 책정되었고, 방위계획대강도 개정되었다. 2014년 4월에는 50여 년 이상 견지되어 온 무기수출금지 3원칙이 폐지되었고, 그간 보유하지만 행사하지 않는다고 규정해 온 집단적 자위권도 2014년 7월에 각의 결정을 통해 용인하게 되었다. 2015년 4월에는 가이드라인을 17년 만에 개정하였고, 이와 관련하여 9월에는 11개 안보법제를 개정하거나 제정하였다. 제도상으로도 국가안전보장회의가 정식으로 발족하였고, 2015년 10월에는 무기의 개발과 수출을 전담하게 된 방위장비청도 방위성의 산하 기관으로 창설되었다.

일본은 1946년 제정된 소위 '평화헌법'하에서 국가의 정책 수단으로 전쟁을 포기하고, 이를 달성하기 위해 육해공 전력을 보유하지 않는다고 선언해 왔다. 그런 헌법상의 규정에 비추어 아베 정부에서 달성되었거나 추진되고 있는 안보체제의 변화는 일본 국내에서나 국제정치적으로 다양한 반응을 불러일으키고 있다. 일본 국내에서는 아베 정부가 추진한 집단적 자위권 용인 결정 및 그와 관련된 안보법제 제·개정 등이 현행 헌법의 위반이라는 비판이 강력하게 제기되었다. 도쿄, 오사카 등 각지에서 수만에 달하는 일반 시민들의 시위도 이어졌다. 한편 과거 일본에 의한 침략과 식민지화의 복잡한 역사 관계를 가진 한국, 북한, 중국에서도 아베 정부가 추진하는 안보정책에 대해 민감한 반응이 나타나고 있다. 북한 『노동신문』은 연일 일본의 안보정책 변화에 민감하게 반응하면서, 군국주의 재생 위험성을 경고하고 있다.[1] 중국 언론에서도 아베 정부의 안보정책이 전전 시대의 군국주의적 요소를 담고 있다는 우려와 비판이 제기되고 있다.[2] 군국주의 회귀는 아닐지라도 아베 정부가 중국을 가상적으로 설정하면서 미일동맹을 축으로 중국과 대항하는 정책을 전개하고 있고, 이는 아태지역 안정을 저해하는 결과를 가져올 것이라는 비판도 제기되고 있다.[3] 한국 언론도 아베 정부가 추진하는 안보법제가 결국 일본을 전쟁이 가능한 국가로 탈바꿈시킬 것이라고 평가하고 있다.

반면 미국은 아베 정부의 안보정책 변화를 환영하고 있다. 2015년 4월, 미 존 케리(John Kerry) 국무장관과 애슈턴 카터(Ashton Carter) 국방장관은 일본 측 카운터파트(counterpart)들과 공동으로 발표한 2+2의 공동성명 문안에서 국가안보전략서 책정을 비롯한 아베 정부의 안보정책

---

* 이 논문은 2015년 11월 19일 서울대학교 일본연구소가 주최한 "일본의 집단적 자위권 도입과 한반도" 관련 세미나에서 초고가 발표되어, 고려대학교 아세아연구소에서 발행되는『아세아연구』제162호(2015년 겨울)에 게재된 바 있다. 최초 발표의 기회를 부여해 준 서울대학교 일본연구소장 박철희 교수와 이 논문의 발간에 임해 전재를 허가해 준 고려대학교 글로벌일본연구소장 서승원 교수에게 감사드린다.

1 「일본 군국주의 재생의 위험성에 각성을 높여야 한다」,『노동신문』(2015. 3. 6). 2015년 8월, 안보 관련 법안이 일본 국회에서 논의되자『노동신문』은 다시 군국주의 위험성을 경계하였다.「침략의 길로 줄달음치는 군국주의 마차」,『노동신문』(2015. 8. 1).

2 중국 외교학원 Zhou Yongsheng 교수 인터뷰 참조. "Attempt by Japan to return to militarist past face tough new geopolitics," *Global Times*(December 11, 2013).

3 칭화대학 현대국제관계연구소 부소장 Liu Jiangyong의 칼럼 참조. "Japan playing false in bid to be normal," *Global Times*(January 23, 2014). "Editorial: US-Japan defense guidelines danger to Asia," *Global Times*(April 30, 2015).

변화를 환영하고 지지한다고 공언하였다.[4]

이같이 아베 정부에 의한 일본 안보체제 변화의 시도는 일본 국내에서나 국제적으로 상반된 평가를 받고 있다. 그렇다면 과연 아베 정부의 안보정책 변화는 어떤 의도에서, 어떠한 내용으로 전개되는 것일까. 이러한 안보정책 변화는 한반도 및 동북아 안보환경에 어떤 의미를 갖는 것이고, 어떻게 평가되어야 할까. 이 논문에서는 아베 정부가 추진한 국가안보전략서 책정, 집단적 자위권 용인 결정, 미일 가이드라인 개정, 그리고 안보법제 제·개정 등을 기존의 일본 안보체제와 비교하면서 종합적으로 검토하고, 새로운 안보체제하에서 예상되는 일본의 안보정책 방향과 그 영향을 전망해 보고자 한다.

2. 현대 일본 안보체제의 기원과 보통국가로의 변화[5]

1) 평화헌법과 비군사화 규범

일본은 제2차 세계대전의 패전국으로서 1945년 이후 소위 '전후'의 시대를 맞았다. 점령군으로 진주한 더글러스 맥아더(Douglas

[4] 岸田外務大臣, 中谷防衛大臣, ケリー国務長官, カーター国防長官「変化する安全保障環境のためのより力強い同盟」(일미안전보장협의위원회 공동발표, 2015. 4. 27). Minister for Foreign Affairs Kishida, Minister of Defense Nakatani, Secreatary of State Kerry, Secretary of Defense Carter, Joint Statement of the Security Consultative Committee(2015. 4. 27).

[5] 이 논문에서 사용하는 '안보체제'의 용어는 안보 관련 헌법과 법률, 동맹 간 조약과 협정, 안보 관련 제도와 군사 능력을 총칭하는 것으로 상정한다.

MacArthur) 장군의 연합군 총사령부는 비군사화와 민주화의 기조 속에서 700만 이상의 병력을 자랑하던 일본 제국의 육해군을 해체하였고, 일본 군국주의를 추동한 육군성과 해군성, 육군 참모본부와 해군 군령부 등 상부 군 지휘기구를 대동아성, 내무성 등의 다른 관련 부서와 아울러 폐지하였으며 이러한 제도들에 종사하던 관리 20여만 명을 공직 추방하였다. '전후 일본'을 극동의 스위스로 만들겠다는 맥아더 장군의 신조에 따라 연합군 총사령부는 요시다 시게루(吉田茂)가 주도하는 일본 정부와 협력하여 1946년 기존의 메이지 헌법을 대체하는 새로운 헌법을 공표하였다. 새로운 헌법은 전문에서 "정부의 행위에 의해 다시는 전쟁의 참화가 일어나는 것이 없도록 결의"함을 밝혔다. 이어 본문 제9조 1항에서는 "국권의 발동인 전쟁과 무력에 의한 위협 또는 무력의 행사는, 국제분쟁을 해결하는 수단으로서 영구히 포기한다"고 하였고, 동조 2항에서는 "전항(前項)의 목적을 달성하기 위해 육해공군, 기타 전력은 보유하지 않는다. 국가의 교전권은 인정하지 않는다"라고 규정하였다. 이로써 일본은 헌법상 국제분쟁을 해결하는 수단으로서 전쟁과 무력행사를 포기하고 육해공군 전력을 보유하지 않는 '군대 없는 국가'로서 '전후 시대'를 맞게 되었다.

다만 평화헌법이 제정된 이후 국제사회는 미국을 필두로 하는 자본주의 진영과 소련을 위시한 공산주의 진영이 대립하는 냉전적 대립이 표면화되었다. 1949년 10월에는 중국 대륙이 공산화되었고, 1950년 6월에는 한반도에서 한국전쟁이 발발하였다. 이 같은 정세의 변화 속에서 일본은 평화헌법하에서 안보체제를 보강하는 방안을 찾기 시작했다. 1951년 9월, 샌프란시스코 강화조약을 통해 주권국가로서의 독립을 되찾은 일본은 같은 날 미국과 안보조약을 체결하여, "고유의 자위권을 행사할 유효한 수단을 갖지 못하는" 일본이 "방위를 위한 잠정 조치로서 일본 국내 및 그 부근에 미국이 군대를 유지"하도록 하였다. 즉, 한때는 적대국이었던 미국과 동맹을 체결하여 그 군대로 하여금 무장해제된 일본의 안보를 지원하도록 하는 체제를 구축한 것이다. 나아가 1954년에는 육해공 자위대와 방위청을 설치하였고, 자위대는 외부로부터의 무력 공격이 가해질 경우 내각 총리대신의 지휘하에 국회의 승인을 얻어 방위출동이 가능하도록 하였다.[6]

그러나 육해공군 전력 보유를 금지한 평화헌법하에서 자위대를 보유하게 되면서 일본은 자위대의 존재와 역할이 헌법적 규정과 모순되지 않느냐는 내외의 비판에 직면하게 되었다. 이 때문에 일본 정부는 1950년대 중반 이후 자위대의 능력과 역할을 극력 제한하는 일련의 선언과 원칙, 즉 비군사화 규범을 표방하게 된다.[7] 예컨대 1955년 하토야마 이치로(鳩山一郎) 내각의 스기하라(杉原荒太) 방위청 장관은 자위대는 오로지 일본 방어를 위한 최소한의 방위, 즉 "전수방위(專守防衛)"의 생각으로 운용한다는 전수방위의 원칙을 처음으로 표명하였다.[8] 그 연장선상에서 공격용 무기 비보유 원칙, 비핵 3원칙도 표명되었다. 공격용 무기 비보유 원칙은 육해공 자위대가 전략폭격기, 항공모함, 대륙간 탄도탄 등 원거리 투사가 가능한 무기들을 보유하지 않겠다는 원칙이다. 1967년 공표된 비핵 3원칙은 핵무기의 제조, 보유, 반입을 하지 않겠다는 내용을 담고 있다. 1967년도에는 무기수출금지 3원칙과 우

---

6 田中明彦, 『安全保障: 戰後50年の模索』(東京: 讀賣新聞社, 1997), pp. 136-137.

7 박영준, 「군사력 관련 규범의 변화와 일본 안보정책 전망」, 『한일군사문화연구』 제14호(한일군사문화학회, 2012).

8 『朝日新聞』(2015. 6. 4).

주의 평화적 이용 원칙이 각각 내각과 국회에서 결정되었다. 무기수출 금지 3원칙은 일본 방위산업체에서 생산된 무기들을 공산권 국가나 분쟁대상 국가, 그리고 기타 국가들에 대해 수출을 금지하겠다는 정책 방침이었다. 우주의 평화적 이용 원칙은 일본이 어디까지나 과학 기술적 목적으로 우주개발을 추진하며, 군사위성이나 정찰위성 등 군사적 목적을 가진 우주개발을 하지 않겠다는 것이었다. 1970년대에도 '기반적 방위력' 개념, 방위비 GNP 1% 이내 원칙, 군사대국이 되지 않겠다는 원칙 등이 공표되었다. 1976년 공표된 방위계획대강에 표명되었던 '기반적 방위력' 개념은 일본이 위협에 대응하기 위한 소요형 방위력이 아니라, 그 자신이 힘의 공백이 되어 오히려 주변 지역의 불안을 초래하는 상황을 막기 위한 필요 최소한의 방위력이 되어야 한다는 의미로 규정되었다. 1977년 당시 후쿠다 야스오(福田康夫) 수상의 동남아 순방시에 표명된 군사대국이 되지 않는다는 원칙은, 일본이 다른 국가들에 위협을 안길 만한 군사력을 보유하지 않겠다는 기조를 담고 있었다.

이 같은 일련의 비군사화 규범과 더불어 일본은 유엔 회원국들에 보장된 집단적 자위권은 보유하지만 행사하지 않겠다는 입장을 표명해 왔다. 집단적 자위권이란 유엔 헌장 제51조에 규정된 것으로서 유엔 회원국들에 대해 무력공격이 발생한 경우, 회원국들이 개별적 자위권뿐만 아니라 여러 회원국이 같이 공동으로 침략을 격퇴하는 집단적 자위권을 가질 수 있다고 한 것에서 유래한다.[9] 1956년 유엔에 가입한 일본은 이 같은 유엔 헌장 제51조에 따라 개별적 자위권 및 집단적 자위권을 보유할 수 있게 되었다. 그러나 앞에서 언급한 평화헌법 및 비

---

9 아시아국제법연구회 편, 『현대국제조약집』(아시아사회과학연구원, 2005).

군사화 규범의 체계 속에서 일본 정부는 집단적 자위권을 보유하나 그 행사는 헌법상 허용되지 않는다고 해석해 왔다. 예컨대 1981년 5월, 일본 정부는 국회에 대한 답변서를 통해 국제법상 집단적 자위권을 갖는 것은 주권국으로 당연하지만, 헌법 제9조하에 허용된 집단적 자위권 행사는 일본을 방어하기 위한 필요 최소한의 범위에 국한되기 때문에, 헌법상 허용되지 않는다는 입장을 표명한 바 있다.[10]

이상에서 서술한 평화헌법과 비군사화 규범의 체계 속에서 일본은 자위대가 존재하지만, 그 능력과 역할에 극히 제한을 받아 왔다. 그러한 과정에서 구미(歐美)의 연구자들은 일본의 외교안보정책을 '소극적 반응 국가', 혹은 '반군사주의(anti-militarism)'로 평가해 온 것이다.[11]

2) 보통국가의 국가전략과 탈냉전기 안보체제의 변화

'반군사주의', 혹은 '소극적 반응 국가'의 모습을 보이던 일본의 안보체제는 냉전체제가 해체된 1990년대 이후 변화의 계기를 맞게 되었다. 1991년 발발한 걸프전쟁 당시 일본은 국내 안보체제의 제약 속에서 미국이 주도하는 전쟁에 130억 달러의 금전적 지원을 행하게 되었다. 그러나 걸프전쟁 종료 이후 쿠웨이트를 포함한 국제사회는 병

---

10 2014년 5월 15일, 아베 수상의 사적 자문기관인 '안전보장의 법적 기반의 재구축에 관한 간담회'가 제출한 보고서에서 재인용. 보고서 전문은 『朝日新聞』(2014. 5. 16). 이 보고서에 의하면 일본 정부는 1960년 3월과 1972년 10월의 국회 답변에서도 타국에 가해진 무력공격을 저지하는 집단적 자위권 행사는 헌법상 허용되지 않는다는 입장을 견지해 왔다.

11 Thomas U. Berger, "From Sword to Chrysanthemum: Japans culture of anti-militarism," *International Security* 17:4(1993).

력 파병 등 인적 지원이 없었던 일본에 대해 사의를 표명하지 않았다. 1990년대 초반 당시 자민당 의원이었던 오자와 이치로(小澤一郞)는 『일본개조계획』을 통해 이러한 현실에 정면으로부터의 문제를 제기하였다.[12] 오자와는 세계 2위의 경제대국이 된 일본이 국제안보질서에 대해서는 전혀 역할을 할 수 없는 현실을 바꿔야 한다고 주장하였다. 이를 위해 국내적으로 수상의 권한을 강화하고 안보정책을 논의, 제언하는 정부 기구를 개편, 자위대의 능력도 강화하여 국제안보활동에 관여하는 '보통국가'의 방향으로 일본을 개조해야 한다고 하였다.

이러한 보통국가론의 국가전략론은 비군사화 규범이 지배하던 1990년대 초반의 일본 사회에서는 선뜻 수용되기 어려운 것이었다. 그러나 점차 보통국가론은 자민당 소장세력과 언론, 학계 등에서의 지지를 확보해 가며 일본의 안보체제를 점진적으로 변화시켜 가는 원동력이 되었다.[13] 1992년, 국제평화협력법(PKO협력법)이 제정되어 일본은 유엔이 주도하는 국제평화협력활동에 자위대를 해외 파견할 수 있는 법적 근거를 확보하였다.[14] 1997년 9월에는 미일 간에 가이드라인이 개정되었다. 가이드라인은 동맹국 상호 간 연합작전의 지침서 같은 성격을 띠는 문서이다. 1978년에 제정된 최초의 미일 가이드라인이 냉전기의 소련 위협에 대응하기 위한 목적을 갖고 있었다고 한다면, 1997년의 가이드라인은 '주변사태'의 개념, 즉 한반도에서 유사사태가 발생할

12 오자와 이치로, 1993, 『일본개조계획』, 방인철 · 김현진 역(지식산업사, 1994).

13 일본의 보통국가화가 1990년대부터 시작되었다고 보는 최근의 연구로는 William Choong, "Japan's New Politics," *Survival* 55:3(June–July, 2013) 참조.

14 이후 일본은 이 법에 근거하여 1992년의 캄보디아 파견을 위시하여 동티모르, 남수단 등 유엔이 주도하는 국제평화협력활동에 자위대를 파견하고 있다.

경우를 상정하여 자위대와 주일미군 간의 역할 분담을 규정한 내용이 되었다. 미일 간 가이드라인 개정에 따라 1999년 5월에는 관련 법안들인 주변사태안전확보법, 자위대법 개정안, 미일물품역무상호협력협정(ACSA) 개정안 등이 성립되었다.

보통국가화로의 경로 변경은 2000년대 이후 미국의 부시 정권이 대테러전쟁을 수행하기 시작하고, 이에 대해 2001년부터 집권하기 시작한 일본의 고이즈미(小泉純一郎) 수상이 이를 뒷받침하는 정책을 추진하면서 더욱 가속화되었다. 고이즈미 수상은 2001년 테러대책특별조치법을 제정하여, 대테러전쟁을 수행하는 미국 및 다국적군을 후방지원하기 위하여 육해공 자위대를 이라크와 인도양 등지에 파견할 수 있도록 하였다. 그리고 2003년과 2004년에 걸쳐 외부로부터의 무력공격이 일본에 가해지는 유사시를 상정하여, 일본의 국가 기관과 지방자치체가 수행해야 할 임무들에 대해 규정하는 직접무력공격사태법 등 유사법제 10개 법안을 제·개정하였다.[15] 고이즈미 수상 재임 기간에 책정된 2004년도 방위계획대강은 일본의 안보환경을 분석하면서 처음으로 북한과 중국의 군사 동향이 일본의 잠재적 위협 요인이 되고 있다고 지적하기도 하였다.

2006년 고이즈미 퇴진 이후 내각을 담당한 아베 신조, 후쿠다 야스오, 아소 다로(麻生太郎), 그리고 2009년 정권 교대 이후 민주당 하토야마 유키오, 간 나오토, 노다 요시히코 수상도 정도의 차이는 있지만,

---

15 2003년과 2004년간에 제·개정된 유사법제는 직접무력공격사태법 외에 안전보장회의설치법 개정안, 자위대법 개정안, 외국군용품 등 해상수송규제법, 미군행동원활화법안, 교통통신이용법, 국민보호법, 국제인도법위반처벌법, 포로 등 취급법 등이었다.

기본적으로 보통국가화의 방향에 따른 일본 안보체제의 강화에 노력을 기울였다. 예컨대 2006~2007년도에는 방위청의 성 승격과 통합막료감부(統合幕僚監部) 재편이 단행되었고, 2008년도에는 종전의 우주의 평화적 이용 원칙을 수정하여 방위 목적으로도 우주를 개발할 수 있도록 한 우주기본법이 제정되었다. 민주당이 정권을 담당하던 2010년도에 개정된 방위계획대강에서는 종전 일본 자위대 군사력 증강의 기준 개념이 되어 온 '기반적 방위력' 개념을 폐기하고, 새롭게 '동적 방위력' 개념을 기준 개념으로 제시하기도 하였다. 2011년도에는 무기수출금지 3원칙이 부분적으로 완화되었다.

이상에서 본 바와 같이 소위 '비군사화' 및 '반군사주의'의 성향이 있었던 전후 일본의 안보체제는 1990년대 이후 진행된 보통국가화의 방향에 따라 점진적으로 변화되는 경로를 밟고 있다. 비군사화 규범을 구성했던 기반적 방위력 개념, 우주의 평화적 이용 원칙, 무기수출금지 3원칙이 폐지되거나 완화되었고 비록 후방지원에 국한된 것이긴 하지만, 자위대가 국제평화협력활동이나 대테러전쟁 지원을 위해 해외에 파견되는 국내법 체제가 정비되었다. 물론 평화헌법을 위시해 공격용 무기 비보유 원칙, 비핵 3원칙, 전수방위 원칙 등 비군사화의 핵심 규범들은 견지되고 있으나, 일본이 더 이상 반군사주의에 머물러 있지 않게 되었다는 점은 분명해 보인다.

3. 아베 정부 주도의 안보체제 변화

2012년 12월에 재집권에 성공한 아베 정부가 지금까지 추진해 온 안보정책들은 앞에서 살펴본 보통국가화의 연장선상에서 추진되고 있다고 볼 수 있다. 이하에서는 아베 정부가 추진해 온 안보체제의 변화들을 국가안보전략서의 책정, 집단적 자위권 용인, 미일 가이드라인 개정, 그리고 안보법제 성립의 측면으로 나누어 검토하고자 한다.

1) 국가안보전략서 및 방위계획대강 2013

미국의 국가안보전략에 관한 문서 체계는 백악관이 발표하는 국가안보전략서(National Security Strategy), 국방성이 발표하는 국가국방전략서(National Defense Strategy), 그리고 합참이 발표하는 국가군사전략서(National Military Strategy) 등으로 구성된다. 이에 비해 일본은 국가안보전략서에 해당하는 문서가 없이, 방위성이 주도가 되어 1976년에 공표되고 1995년, 2004년, 그리고 2010년에 각각 개정되어 온 방위계획대강이 미국의 국방전략서 및 군사전략서 수준에 해당하는 전략 문서로서 기능해 왔다. 그런데 아베 정부는 방위계획대강 상위의 문서로서 미국의 국가안보전략서에 상응하는 별도의 전략 문서 책정이 필요하다고 판단하여, 2013년 9월부터 관련 전문가 자문회의를 구성하고 준비작업을 진행해 왔다.[16] 그 결과 2013년 12월 17일, 일본 최초의 국가안

16 2013년 9월, 아베 수상이 스가 요시히데(菅義偉) 관방장관에게 국가안보전략 책정을 위해 "안전보장과 방위력에 관한 간담회" 구성을 지시하였다. 간담회 멤버로는 좌장 기타오카 신이치(北岡伸一, 국제대학장), 에비하라 신(海老原紳, 스미토

보전략서가 공표되기에 이르렀다.

국가안보전략서 서두에서는 일본이 지향해야 할 외교안보정책의 이념으로서 "국제협조주의에 기반한 적극적 평화주의"를 제시하였다.[17] 그리고 경제대국, 해양국가, 평화국가의 국가적 정체성을 갖고 있는 일본은 국제사회의 주요 플레이어로서 적극적 역할을 해 가야 한다고 선언하였다. 국가안보전략서는 아태지역에서 북한의 군사력 증강과 도발, 그리고 중국의 급속한 대두가 일본의 안보에 잠재적 위협이 되고 있다고 인식하면서, 이를 배제하기 위해 일본 국내 차원에서의 억지력 강화, 미일동맹의 강화, 그리고 아태지역 역내 파트너 국가들과의 신뢰 협력 강화를 안보정책의 목표와 과제로 제시하였다. 특히 역내 파트너 국가들로서 한국, 호주, 아세안 국가들, 그리고 인도 등과의 협력관계 강화를 안보정책의 대외적 과제로 제기하였다.[18]

국가안보전략서에서 제시된 "국제협조주의"란 일본정치외교사의 맥락에서는 1920년대 소위 다이쇼 데모크라시 시기(1911~1925)에 일본이 추진하였던 대외정책의 방침, 즉 국제연맹하에서 영국 및 미국 등의 국제질서 주도국과 군비 축소나 질서유지 등의 정책에서 협력하였

모상사 고문, 전 주영대사), 오리키 료이치(折木良一, 전 통합막료장, 방위상 보좌관), 나카에 키미토(中江公人, 방위성 고문, 전 방위사무차관), 나카니시 데루마사(中西輝正, 교토대학 명예교수), 후쿠시마 아키코(福島安紀子, 도쿄재단 상석연구원), 호소야 유이치(細谷雄一, 게이오대학 교수), 야치 쇼타로(谷内正太郎, 내각관방참여, 전 외무사무차관) 등이 포함되었다. 『朝日新聞』(2013. 9. 11).

17 國家安全保障會議·閣議決定, 「国家安全保障戦略について」(2013. 12. 17).

18 일본은 안보전략서를 통해서는 중국에 대한 위협 인식을 일관되게 표명하고 있지만, 아베 수상은 중국과도 전략적 호혜관계를 추구해야 한다는 인식을 수시로 피력하고 있다. 2014년 1월 24일의 국회 시정방침연설 등 참조.

던 양상을 가리킨다.[19] "적극적 평화"라는 개념은 통상적으로 요한 갈퉁(Johan Galtung)이 전쟁이 없는 상태를 의미하는 "소극적 평화"와 구분해서 사용한 개념은 아니고, 종전의 소극적 안보체제에서 탈피하여 일본의 국제적 안보역할을 확대해야 한다는 의미에서 사용된 것으로 보인다.[20] 즉 국가안보전략서는 21세기 일본이 유엔 등의 국제기구와 미일동맹을 중시하고 일본의 안보 능력을 강화하면서, 국제사회의 안보 활동에 보다 적극적 역할을 하여 안보환경을 양호하게 구축한다는 방침을 제시하였다고 보인다.

국가안보전략서와 동시에 발표된 '방위계획대강 2013'은 국가안보전략서의 기조에 따라 글로벌 차원에서 세력균형의 변화가 진행되고 있는 가운데, 아태지역에서는 북한의 핵·미사일 개발, 중국의 국방비 증대 및 군사력 강화가 일본의 안보환경에 부담되고 있다고 지적한다.[21] 이에 대응하여 방위계획대강은 일본의 방위력을 '통합기동방위력(統合機動防衛力)'의 개념에 준해 건설하고, 미일동맹의 억지력을 강화하며 한국, 호주 등과의 양자협력 및 한미일 혹은 미일호 등 3국간 안보

---

19 入江昭, 『太平洋戦争の起原』(東京大学出版会, 1991). 특히 국가안보전략 책정을 위한 전문가 간담회의 좌장을 맡았던 기타오카 신이치의 저서에서도 1920년대 시기 일본 외교를 국제협조주의로 파악하고 있다. 北岡伸一, 『日本の近代5: 政党から軍部へ, 1924-1941』(東京: 中央公論新社, 1999) 참조.

20 그런 점에서 남기정은 아베 정부 국가안보전략서에 나타난 적극적 평화주의 개념이 전후 일본의 평화주의와 구별되는 것이고, 자위대 해외 전개를 포함한 군사력의 공공연한 사용에 길을 트는 노선이라고 지적하고 있다. 남기정, 「일본의 전후 평화주의: 원류와 전개, 그리고 현재」, 『역사비평』(역사문제연구소, 2014. 2), pp. 98-99.

21 國家安全保障會議·閣議決定, 「平成26年度以後に係る防衛計画の大綱について」(2013. 12. 17).

표 3-1. 방위계획대강의 주요 논점 비교

주요 내용	방위계획대강 2004	방위계획대강 2010	방위계획대강 2013
안보환경 평가	• 북한 탄도미사일 • 중국 해공 군력 증강	• 북한 WMD와 탄도미사일 개발 • 중국 군사력 증강, 원거리 투사능력 강화	• 북한 핵·미사일 개발 • 중국 국방비 증가, 군사력 강화
일본 자신의 능력	• 다기능 탄력적 방위력 +기반적 방위력 • 중앙즉응집단	• 동적 방위력	• 통합기동방위력 • 육상자위대 통일사령부 • 수륙양용작전능력 강화
미일동맹	• 미일동맹 강화	• 미일동맹 강화	• 미일동맹 강화
지역안보협력	• 국제사회와의 협력 • 아태지역 다자간 협력	• 아태지역 양자간 다자간 협력 강화 • 한국, 호주, 아세안 국가	• 한국, 호주 양자협력

협력을 강화해야 한다고 주장하였다. 특히 '방위계획대강 2013'은 '통합기동방위력' 개념하에 육상자위대의 각 방면대를 통합하는 통일사령부 신설과 종전까지 금기시되어 온 수륙양용작전능력, 즉 해병대의 창설을 향후 정책 방향으로 제시하였다. 또한 한국과의 안보협력 필요성도 강조하면서, 2012년 6월에 양국 간에 체결 직전에 무산되었던 정보보호협정(GSOMIA)과 상호군수지원협정(ACSA)의 재체결을 향후 협력 과제로 제기하기도 하였다.

'방위계획대강 2013'의 주요 내용을 이전 시기인 2004년과 2010년에 각각 공표된 대강과 비교한 것이 〈표 3-1〉이다. 〈표 3-1〉에 따르면 2000년대 이후 방위계획대강의 위협 인식이나 기본적인 안보정책 방향은 일관성을 보이고 있으나, 자위대의 군사력을 증강하는 기준 개념이 애초의 '기반적 방위력' 개념에서 '다기능 탄력적 방위력'을 거쳐 '동적 방위력' 개념으로 변화되다가, 2013년에 이르러 '통합기동방위력'으로 변화되고 있음을 알 수 있다. 그리고 이러한 개념 변화에 부응하여 종전에는 터부시되었던 육상자위대 통일사령부나 해병대 기능을 가진 수륙양용부대 창설이 추진되고 있음도 알 수 있다.

2) 집단적 자위권 용인 결정

집단적 자위권은 유엔 헌장 제51조에 규정된 것으로 자국과 밀접한 관계에 있는 타 회원국에 대한 무력공격을 자국이 직접 공격받지 않는 경우에도 자국에 대한 침해로 간주하여 군사력을 갖고 저지하는 권리이다. 1956년 유엔에 가입한 일본은 개별적 자위권뿐만 아니라 집단적 자유권을 보유하게 되었다. 그러나 앞에서 소개한 것처럼 1960년 이래 역대 정부는 현행 평화헌법하에서는 집단적 자위권을 행사할 수 없다고 해석해 왔다. 이로 인해 집단적 자위권 관련 일본의 자기제약은 비군사화 규범 가운데 핵심적인 부분으로 간주되어 왔다.

그런데 보통국가화의 추세 속에서 일본이 국제안보활동에서 보다 적극적 역할을 하기 위해서는 집단적 자위권의 용인이 불가피하다는 정책론이 일본 내 현실주의자들 및 미국 측 안보 전문가들 사이에서 지속적으로 제기되어 왔다.[22] 이러한 흐름 속에서 2006년 당시 제1차 내각을 구성한 바 있었던 아베 수상은 당시 전문가 간담회를 조직하여 집단적 자위권을 용인하려는 준비 작업을 추진한 바 있었다. 그

22 아미티지-나이(Armitage-Nye) 등 미국의 초당파 일본 전문가들은 2000년에 공표된 보고서에서 미일동맹이 제대로의 역할을 하기 위해서는 집단적 자위권에 관한 일본 내 제약이 해제될 필요가 있다고 지적한 바 있다. INSS Special Report, *The United States and Japan: Advancing Toward a Mature Partnership*(Institute for National Strategic Studies, National Defense University, October 11, 2000).

러나 2007년 아베 수상의 갑작스러운 퇴진으로 집단적 자위권 용인 움직임은 수면 아래로 가라앉게 되었는데, 2013년 아베 수상이 재집권하면서 이 문제가 다시 표면으로 부상하게 되었다.

아베 수상은 재집권 직후인 2013년 2월, 오카자키 히사히코(岡崎久彦), 기타오카 신이치, 다나카 아키히코(田中明彦), 사카모토 카즈야(坂元一哉), 나카니시 히로시(中西寬) 등 현실주의적 성향의 전문가들로 '안전보장의 법적 기반의 재구축에 관한 간담회'를 조직하고 집단적 자위권 용인 가능성을 검토하게 하였다. 이 모임은 정례적으로 회합을 가지면서, 예컨대 일본과 밀접한 관계에 있는 미국 등 타국 함선이 외부로부터 공격을 받을 경우에 일본의 집단적 자위권 행사가 용인되지 않는다면, 미일동맹의 신뢰성은 저하되고 상호협력은 가능하지 않을 것이라는 논리를 전개했다.[23] 나아가 미국만이 아니라 필리핀, 베트남, 호주 등과의 관계에 있어서도 집단적 자위권이 적용되어야 하며, 이러한 집단적 자위권 용인이 오히려 외부로부터의 공격 가능성에 대한 일본의 억지력을 강화시킬 것이라는 논리도 발전되었다.[24]

이러한 논의들을 바탕으로 이 간담회는 2014년 5월 15일 최종 보고서를 공표하면서 집단적 자위권이 용인되어야 한다는 결론을 제시하였다.[25] 이 보고서는 집단적 자위권 용인이 신뢰하는 국가와의 관계를

---

[23] 2013년 2월 8일, 최초의 회합을 가진 이 간담회의 논의 요지는 다음을 참조. 安全保障の法的基盤の再構築に関する懇談会(제1회). www.kantei.go.jp/jp/singi/anzenhoshou2/kaisai.html

[24] 2014년 3월 16일, 이 간담회의 좌장대리를 맡은 기타오카 신이치 전 도쿄대학 교수의 인터뷰 내용 참조. 『朝日新聞』(2014. 3. 16).

[25] 2014년 5월 15일 공표된 아베 수상 사적 자문기관 '안전보장의 법적 기반의 재구축에 관한 간담회' 보고서 전문은 『朝日新聞』(2014. 5. 16) 참조.

공고히 할 뿐 아니라, 제삼국에 대한 억지력을 높이고 분쟁도 미연에 방지하는 효과를 가져올 수 있다고 평가하였다. 그래서 다음과 같은 요건들, 즉 ① 일본과 밀접한 관계에 있는 외국에 대한 무력공격이 행해져 그 사태가 일본의 안전에 중요한 영향을 미칠 경우, ② 해당 국가의 명시적 동의 요청을 받을 경우, ③ 필요 최소한의 실력을 행사하여 국제 평화와 안전 유지가 가능할 때, 제삼국에 대한 공격 배제에 참가하는 집단적 자위권 행사를 용인해야 한다고 주장하였다. 나아가 보고서는 현행 헌법이 개별적 또는 집단적 자위권의 구별 없이 일본의 자위와 국제 공헌을 위한 실력 보유는 금지하지 않는다고 해석해야 한다고 하였다. 즉 현행 헌법은 집단적 자위권을 위한 무력행사를 제약하고 있지 않으며, 유엔의 평화유지활동이나 집단안전보장 활동에 참가하는 것도 허용하고 있다고 해석되어야 한다는 것이었다.

간담회 보고서에 기반하여 아베 수상과 자민당이 집단적 자위권을 용인하는 수순을 밟게 되자, 자민당과 더불어 연립여당을 구성하는 공명당에서 신중론이 강력하게 제기되었다. 결국 이 같은 연립여당 내부의 의견 조율을 거쳐 2014년 7월 1일, 아베 수상의 내각은 다음과 같은 세 가지 상황이 중첩되는 경우에 한하여 집단적 자위권을 발동한다는 용인 결정을 내리게 되었다. 즉 ① 일본과 밀접한 관계에 있는 타국에 대한 무력공격이 발생하여, 이에 의해 일본의 존립이 위협받고 국민의 생명과 자유·행복추구권이 근저에서 무너질 명백한 위험이 있는 소위 '존립위기사태'의 경우, ② 이를 배제하여 일본의 존립을 온전하게 하고 국민을 지키기 위해 다른 적당한 수단이 없을 때, ③ 필요 최소한도의 무력을 행사하는 조건으로 집단적 자위권을 용인한다는 것이다.[26]

이로써 일본은 1954년 자위대 창설, 그리고 1956년 유엔 가입 이래 평화헌법하에서 계속 행사할 수 없다고 해석해 온 집단적 자위권을 행사하는 방향으로 크게 정책을 전환하게 되었다. 이제는 일본이 직접 무력공격을 받는 경우뿐 아니라 동맹국인 미국이나 여타 우방 국가들이 공격을 받는다면 국가안전보장회의 및 내각의 심의를 거쳐 자위대의 무력행사가 가능해졌다. 전후 일본이 견지해 온 중요한 비군사 규범 가운데 하나가 다시 변화된 것이다.[27]

집단적 자위권 행사의 용인 결정은 미일동맹의 기존 약정 및 일본 국내 안보법제의 수정을 연쇄적으로 요구하게 되었다. 종전의 미일 가이드라인은 일본에 대한 직접무력공격사태와 주변사태에 국한해서 미일 간의 상호 군사협력을 규정한 것이었고, 종전의 안보법제도 위의 상황에 준해 일본 국가 기관들과 자위대의 역할을 규정한 것이었기 때문이다.

3) 미일 가이드라인 2015

미일 방위협력지침, 즉 가이드라인은 동맹을 맺고 있는 양국이 특정 위협 발생 시 각각 주일미군과 자위대가 수행해야 할 구체적인 군사협력의 지침을 규정한 전략 문서로서의 성격을 갖고 있다. 1978년

---

26 이 세 가지 요건은 공명당과의 협의에 임한 자민당 고무라 마사히코(高村正彦) 부총재의 발의에 의한 것으로 알려진다.

27 집단적 자위권 용인 반대파들은 이에 의해 전후 일본을 지탱해 온 요시다 노선이 변경되기 시작했고, 그로 인해 전쟁에 휘말릴 가능성이 커졌다는 점을 우려했다. 전 간사이학원 대학 교수 도요시타 나리히코(豊下樽彦)의 인터뷰 참조. 『朝日新聞』(2014. 3. 16).

11월에 책정된 최초의 미일 가이드라인은 냉전기 소련의 군사적 위협에 대응하여 주일미군과 자위대 간 군사협력의 방침을 정한 문서였다. 1997년 9월에 개정된 가이드라인은 한반도에서 군사분쟁 발생 시 주일미군과 자위대의 역할을 규정한 문서였다. 특히 '가이드라인 1997'은 한반도 등에서의 군사분쟁을 '주변사태'의 개념으로 지칭하면서, 주변사태 발생의 경우 주일미군이 전방에서 작전을 전개한다면, 자위대는 후방지원의 역할을 수행하도록 규정한 바 있었다.

그런데 아베 정부의 재출범 이후 미일 양국은 2013년 10월에 다시 새로운 가이드라인을 책정하기 위한 실무 작업에 착수하였다. 일본은 중국의 대두에 따른 잠재적 위협에 대응하기 위한 미일 간 방위협력을 구체화하고자 하였고, 미국도 아태지역의 새로운 정세 변화에 미일동맹 차원에서 대응해야 할 필요를 느꼈기 때문이었다. 미일 간 새로운 가이드라인 책정 작업은 2014년 하반기까지 완료될 예정이었으나, 일본이 희망한 대중 견제 관련 내용의 표현 포함 여부, 그리고 2014년 7월에 일본 정부가 결정한 집단적 자위권 용인 문제 등 양국 간 추가 협의 사항이 진행되면서 예정보다 5개월 늦은 시점에 공표되었다. 이러한 경위를 거쳐 2015년 4월 27일 공표된 새로운 가이드라인은 다음과 같은 몇 가지 특징적 내용을 갖는다.

첫째, 미일 양국이 수행해야 할 방위협력의 유형으로서 종전 가이드라인에 포함되었던 평시 협력, 일본에 대한 무력공격 대처, 일본의 평화 및 안전에 대하여 발생하는 위협(前 주변사태)에 대한 대응에 더해, '일본 이외의 국가에 대한 무력공격 대처 행동', 그리고 지역 및 글로벌 평화와 안전을 위한 협력 등이 추가되었다. '일본 이외의 국가에 대한 무력공격 대처 행동'은 2014년 7월, 일본 정부가 용인을 결정한 집단적 자위권의 내용을 반영하는 것으로서 미일 양국은 이 경우 제삼국에 대한 무력공격에 대처하기 위해 해당 국가들의 주권을 존중하면서 수색 구난, 해상작전, 탄도미사일 공격 대처, 후방지원 등의 활동을 통해 협력하기로 하였다. 또한 미일 양국은 글로벌 평화와 안전을 위해서도 평화유지활동, 해양안보, 국제적 인도지원, 우주 및 사이버 공간에서의 협력 등을 확대하기로 합의하였다.

둘째, 미일 양국은 확대된 방위협력을 위해 평시에 동맹조정 메커니즘을 설치하여 작전 관련 조정을 강화하고 공동의 작전계획 책정을 강화하기로 하였다. 셋째, 미일동맹 차원에서 양국은 군사장비 분야에서의 기술협력과 정보협력 등도 강화하기로 하였다.[28]

미일 '가이드라인 2015' 공표 이후 후속 조치들도 뒤따르고 있다. 2015년 11월 3일, 말레이시아에서 회동한 미국의 카터 국방장관과 일본의 나카타니 겐(中谷元) 방위상은 가이드라인에서 합의한 바에 따라 양국 간 동맹조정 메커니즘을 설치하기로 결정하였고, 양국이 공동으로 작전을 조정하는 공동운용조정소도 설치하기로 합의하였다.[29] 이상에서 살핀 가이드라인 2015는 일본 아베 정부가 각의 결정한 집단적 자위권 용인 결정을 미일동맹 차원에서 수용하여 상호 방위협력의 범위를 '일본 이외의 국가에 대한 무력공격 대처 행동'까지 확대하고, 나아가 해양안보, 우주 및 사이버 공간에서의 협력 등 글로벌 차원의 협력까지 확장하였다는 데 의미가 있다.

---

28 미일 양국이 군사장비 분야에서의 기술협력을 강화하기로 한 것은 2014년 4월, 아베 정부가 결정한 무기수출금지 3원칙의 폐지 결정이 결정적인 계기를 마련해 준 것으로 보인다.

29 『朝日新聞』(2015. 11. 4).

4) 11개 안보법제

아베 정부가 2014년 7월, 각의 결정한 집단적 자위권은 자민당과 공명당이 합의한 세 가지 요건이 충족되는 경우에 행사할 수 있게 되었다. 그 세 가지 요건의 핵심은 '존립위기사태', 즉 '일본과 밀접한 관계에 있는 타국에 대한 무력공격이 발생하여, 이에 의해 일본의 존립이 위협받고 국민의 생명과 자유·행복추구권이 근저에서 무너질 명백한 위험이 있는 사태' 발생에 있었다. 이 같은 존립위기사태의 개념은 2003~2004년도에 제·개정된 기존의 유사법제들에는 상정되지 않았다. 즉 기존의 유사법제들은 일본에 대한 직접무력공격사태와 주변사태만을 전제로 만들어진 것이기 때문에, 집단적 자위권 개념 용인에 따라 새롭게 '존립위기사태' 개념을 유사법제들에 반영할 필요가 생겼다.

이 때문에 2014년 5월, '안전보장의 법적 기반의 재구축에 관한 간담회' 보고서는 집단적 자위권을 용인할 경우, 기존의 자위대법이나 주변사태법, 직접무력공격사태법 등 안보 관련 법안들의 개정이 필요하다고 지적한 바 있었다. 이러한 의견을 받아 집단적 자위권 용인이 결정된 2014년 7월 이후 일본 내각은 기존 안보법제들 가운데 수정과 보완 요인이 발생한 법률들의 개정 작업에 착수하였고, 새롭게 입법이 필요한 법률에 관련한 검토도 개시하였다. 이 결과 2015년 5월까지 기존의 주변사태법을 중요영향사태안전확보법으로 개정하고, 직접무력공격사태법을 직접무력공격사태 및 존립위기사태대처법으로 개정하고, 그 외 기존의 자위대법, 국제평화협력법, 선박검사활동법, 미군행동관련조치법, 특정공공시설이용법, 해상수송규제법, 포로취급법, 국가안보회의설치법 등의 법률안도 개정하기로 하였고, 국제평화지원법

표 3-2. 11개 안보법제의 개요

안보법제 명칭	경위	개요
중요영향사태안전확보법	1999 주변사태법 개정	기존 주변사태 개념을 중요영향사태로 개정
직접무력공격사태 및 존립위기사태대처법	2003년 제정된 무력공격사태법 개정	기존 직접무력공격사태에 더해 존립위기사태 개념 포함
자위대법 개정안	기존 자위대법 개정	기존 자위대법에 존립위기사태 개념 포함
국제평화협력법 개정안	1992년 PKO법 개정	PKO 활동 시 자위대 휴대 장비 등 포함
선박검사활동법 개정안	2000년 제정	중요영향사태 등에 임해 선박검사활동 관련 조항 개정
미군행동관련조치법 개정안	2004년 제정	직접무력공격사태 및 존립위기사태 시 미군 지원에 대한 규정
특정공공시설이용법 개정안		직접무력공격사태 시 미군 이외 외국 군대 행동을 이용, 조정
해상수송규제법 개정안	2004년 제정	직접무력공격사태 및 존립위기사태에 있어 외국군용품 등 해상수송 규제 관련 법률
포로취급법 개정안	2004년 제정	직접무력공격사태 및 존립위기사태에 있어 포로취급 규정
국가안보회의설치법 개정안		중요영향사태, 존립위기사태 반영
국제평화지원법 제정		국제평화, 공동 대처에 있어 외국 군대에 대한 협력 지원 활동 규정

등 1개 법을 새롭게 제정하기로 결정하였다.[30]

11개 안보법제의 주요 개요는 〈표 3-2〉와 같고, 제·개정된 총 11개 안보법제의 특징은 세 가지 정도로 정리될 수 있다.

첫째, 종전의 주변사태 개념을 중요영향사태로 변경하였고 새롭

30 이 법제들의 전체 개요에 대해서는 内閣官方, 「平和安全法制の概要」(내각관방 홈페이지 검색일: 2015. 9. 3) 참조.

게 집단적 자위권 개념이 상정하는 존립위기사태 개념을 반영하여, 일본이 직면하게 될 안보 위기를 일본에 대한 직접무력공격사태, 중요영향사태, 그리고 집단적 자위권 개념을 반영한 존립위기사태 등 세 가지 유형으로 대별하여 중요영향사태안전확보법, 직접무력공격사태 및 존립위기사태대처법 개정 등에 반영하였다.[31] 둘째, 세 가지 유형의 안보위기사태, 즉 일본에 대한 직접무력공격사태, 중요영향사태, 존립위기사태 등의 상황 발생 시 국가안전보장회의, 각 자위대, 국가기관, 지자체, 공항과 항만시설 관리 부서 등이 미군 후방지원과 선박검사, 포로취급 등과 관련하여 행해야 할 역할 등을 재규정하였다. 셋째, 개정된 국제평화협력법 및 제정된 국제평화지원법을 통해 유엔 주도에 의한 국제평화협력활동 시 미군뿐 아니라 타국군에 대한 후방지원 활동의 범위를 확대하고 무기 사용 범위도 확대하고 있다. 즉 11개 안보법제는 일본 정부가 각의 결정한 집단적 자위권이 상정하는 존립위기사태 개념을 기존의 유사법제들에 추가적으로 반영하고 있다는 특성을 갖는다. 헌법 해석을 변경하여 용인 결정된 집단적 자위권 개념이 미일동맹 차원에서 반영된 것이 미일 간 '가이드라인 2015'라고 한다면, 일본 국내법 체계에서 수정 반영된 것이 11개 안보법제인 것이다.

이 같은 특성을 갖는 11개 안보법제는 2015년 7월 16일 중의원, 그리고 9월 19일에는 참의원 의결을 통해 성립되었다. 다만 안보법제가 전제로 하는 집단적 자위권 개념이 평화헌법에 위배될 소지가 있다는 비판에서 일본 전국에서 반대 시위가 잇달았다. 한국과 중국에서도

31 유웅조, 「일본 신안보법의 주요 내용 및 쟁점과 한국의 대응과제」, 『이슈와 논점』 (국회입법조사처, 2015).

'전쟁이 가능한 국가로의 변화', 혹은 '군국주의로의 회귀 가능성'을 우려하는 여론이 고조된 것은 잘 알려진 바이다.

4. 일본 안보체제 변화의 영향과 평가

이상에서 살핀 아베 정부 주도하 일본 안보체제 변화를 종합적으로 나타내면 〈표 3-3〉과 같다.

1990년대까지 일본 안보체제는 평화헌법하에서도 인정된 개별적 자위권 및 미일 '가이드라인 1977'에 따라 일본에 대한 직접무력공격이 가해질 경우에만 자위대의 군사행동이 가능했었다. 그러던 일본 안보체제가 1997년 당시의 미일 가이드라인이 공표되고, 그에 따라 2003~2004년까지 유사법제가 성립되면서 소위 주변사태, 즉 한반도 등에서 분쟁 발생 시 전방에 나아가 작전하는 미군을 후방지원하는 범

표 3-3. 아베 정부 안보체제 변화의 종합적 이해

안보정책 / 안보위기 유형	자위권 행사	미일 가이드라인 2015	안보법제 경위
직접무력공격사태	개별적 자위권	가이드라인 1977	종전 자위대법 등
중요영향사태(주변사태)	개별적 자위권	가이드라인 1997	1999 주변사태법
존립위기사태	집단적 자위권 2014	가이드라인 2015 : 일본 이외 국가에 대한 무력공격 대처	2015 안보법제
글로벌 평화와 안전	집단적 자위권	가이드라인 2015 : 평화유지활동, 해양안보, 국제인도지원, 우주 및 사이버공간 협력	2015 안보법제: 국제평화협력법 개정 국제평화지원법 제정

위까지 확대되었다. 그런데 아베 정부 재출범 이후 2014년 7월에 집단적 자위권 용인이 결정, 그에 따라 2015년 4월 미일 '가이드라인 2015'가 공표되고, 9월에 안보 관련 법제가 성립되면서, 일본은 직접무력공격사태, 중요영향사태 외에 일본 이외의 제삼국에 무력공격이 가해져 일본의 존립에도 위기를 미치는 존립위기사태 시에도 자위대의 군사력이 미국 및 기타 우방국들을 지원하는 데 활용될 수 있게 되었다. 게다가 미일 '가이드라인 2015' 및 안보법제에 의해 평화유지활동, 해양안보, 우주 및 사이버 공간에서의 활동 등 글로벌 평화와 안전을 위한 군사활동에도 자위대가 참가할 수 있는 길이 열리게 된 것이다. 그렇다면 구체적으로 자위대는 직접무력공격사태, 중요영향사태, 존립위기사태 등의 발생 시에 미국 및 기타 우방국들과 더불어 군사작전을 할 수 있게 되며, 그것이 한반도를 포함한 아태지역 안보질서에 미치는 영향은 어떠할까. 이 점을 구체적으로 검토할 필요가 있다.

1) 일본 안보체제 변화와 아태지역 안보질서에 대한 영향

(1) 직접무력공격사태의 경우

일본에 대한 직접무력공격사태란 일본 본토가 제삼국으로부터 해상상륙이나 항공 공습, 미사일 공격 등을 받는 경우를 말한다. 예컨대 일본이 실효지배하고 있는 센카쿠 열도에 중국 해공군이 상륙하거나 공습을 가하는 경우, 혹은 북한이 직접 일본에 탄도미사일을 발사하거나 공작선을 일본 영해와 도서들에 침투시키는 경우가 해당된다. 이 경우 일본은 기존의 자위대법, 직접무력공격사태법에 의해서도 개별적 자위권을 발동하고 자위대를 방위출동시켜 군사적으로 대응할 수 있다.

만일 북한이 공작선을 일본 영해와 도서 지방으로 침투시키려 한다면 일본은 기존 자위대법 및 직접무력공격사태법으로 해상자위대 함선과 항공자위대 전투기를 방위출동시켜 대처할 수 있다. 만일 북한이나 중국이 탄도미사일로 일본을 공격하려 한다면 일본은 해상의 이지스함 및 육상의 패트리어트 Ⅲ 요격미사일로 구성된 미사일방어체제(이하, MD)를 가동시켜, 이를 요격하는 태세를 구축할 것이다. 실제 2001년 12월, 정체불명의 괴선박이 일본 서해안에 침투했을 당시 일본 정부는 자위대법과 직접무력공격사태법에 따라 해상자위대 함선을 출동시켜 괴선박을 격침시킨 바 있다.[32] 2012년 4월, 북한이 필리핀 동북 해상으로 탄도미사일을 발사했을 때, 일본 정부가 개별적 자위권을 발동시켜 해상 및 육상에서 MD를 전개한 바 있었다.

만일 중국이 의도적으로나 우발적으로 정규군 등을 센카쿠에 상륙시켜 도서 탈환을 할 경우, 일본은 이를 직접무력공격사태로 간주하여 자위대법에 따라 육상 및 해상 자위대 등의 전력을 방위출동시킬 수 있고, 미국의 지원을 받아 공동대응작전을 전개할 수 있다. 예컨대 2006년 이후 일본 육상자위대 서부방면대 보통과연대의 병력들이 매년 미 해병대와 캘리포니아 연안에서 적에게 탈취된 도서를 재탈환한다는 시나리오로 실시하는 아이언 피스트(Iron Fist) 연합상륙작전 훈련은 센가쿠에 대한 직접무력공격사태를 염두에 두고 실시되고 있다고 판단된다.[33]

---

32 공작선 침투 상황은 『朝日新聞』(2001. 12. 23 및 12. 24) 기사 참조. 이 선박은 그 후 인양되어 유류품을 조사한 결과 북한 공작선인 것으로 확인된 바 있다.

33 2014년 2월에 실시된 아이언 피스트 훈련 상황은 다음 기사 참조. Helene Cooper, "With troop drills, U. S. and Japan send Beijing a message,"

단 일본에 대한 직접무력공격사태가 순수하게 일본에만 국한된 사태로 전개될 것으로 보이지는 않는다. 예컨대 북한에 의한 일본 공격의 경우, 북한이 한국에 대해 아무런 조치도 취하지 않은 채 일본만을 타깃으로 삼지는 않을 것이기 때문이다. 때문에 한국도 일본이 규정하는 직접무력공격사태 발생 시 우리의 국가안보에 어떤 형태로 파급 영향을 미칠지 예의 주시할 필요가 있다.

(2) 중요영향사태의 경우

중요영향사태란 1997년 미일 가이드라인에서 주변사태 개념으로 상정한 것을 지리적 제한을 없애고 확장한 것이다. 주변사태 개념에서는 예컨대 한반도에서 북한의 공격으로 한국과 미국이 공동작전하는 경우에 자위대가 미국에 대한 후방지원을 하도록 규정한 바 있었다. 그런데 주변사태 개념이 중요영향사태란 개념으로 확대되면서, 일본은 한반도 유사사태뿐 아니라 예컨대 남중국해에서 중국과 동남아 국가 간에 도서 영유권을 둘러싼 교전이 벌어지고, 미국이나 호주 등 우방국가들이 이에 관여하는 경우 등도 상정하고 있다.[34] 즉 한반도에서 북한에 의한 공격이 한미동맹에 대해 가해지거나, 남중국해에서 중국 및 동남아 국가들이 영유권 분쟁 등으로 상호 교전이 발생하고 미국이나 호주가 이에 관여할 경우, 일본은 이를 중요영향사태라고 규정한다. 따라서 중요영향사태법이나 기타 관련법에 의거하여 미국이나 호주,

---

International New York Times(February 24, 2014).

34 2015년 5월, 아베 수상은 국회 답변에서 남중국해에서의 영유권 분쟁도 중요영향사태법의 적용 대상이 될 수 있다고 답변하였다. 『朝日新聞』(2015. 11. 6) 기사에서 재인용.

기타 동남아 우방 국가들에 대한 후방지원을 할 수 있게 된 것이다. 중요영향사태법은 후방지원의 유형으로서 미국 함선에 대한 엄호, 정보제공, 물자와 인원 수송에 더해 새롭게 탄약 제공, 항공기에 대한 급유지원 등을 상정하고 있지만, 어떤 경우에도 자위대가 무력행사에 본격 참가하는 것은 배제하고 있다.[35]

단, 중요영향사태 발생의 경우 후방지원을 수행하는 일본 자위대가 제삼국의 영역에 진입할 수 있는가의 여부가 한국에서는 논란이 되었다. 이 때문에 한국 정부는 여러 차례 미국과 일본에 대해 중요영향사태의 경우라 할지라도 한국 정부의 동의 없이는 자위대의 한국 영역 진입이 불가하다는 점을 전한 바 있다.[36] 이에 대해 아베 수상 등은 국회 답변을 통해 한반도 영해 및 영공에 대한 일방적 접근과 무력행사는 불가하다는 점을 명언하고 있다. 따라서 중요영향사태 발생에 따른 일본의 자위대가 한국 영역에 무단 진입하게 될 가능성을 지나치게 염려할 필요는 없을 것 같다.

반면 한국으로서는 일본이 중요영향사태 발생 시 취하게 될 법적·군사적 조치를 한반도 안보를 위해 보다 적극적으로 활용할 필요도 있을 것이다. 예컨대 이번에 개정된 일본의 특정공공시설이용법 개정안은 중요영향사태 발생 시 일본 내 항만과 비행장을 제삼국도 이용할 수 있다고 규정한 바 있다. 이 규정은 예컨대 미국 이외의 호주나 동남아 국가들을 염두에 두고 만들어진 것으로 보이나, 한국도 일본

---

35 이 점은 일본이 여전히 전수방위의 원칙을 준수하고 있다는 반증으로 이용될 수 있다.

36 사실 1997년 미일 가이드라인이 개정된 이후부터 한국 정부는 이 같은 요구를 일본에 대해 제기해 온 바 있었다.

과의 안보협력을 통해 이러한 규정을 적극 활용할 필요가 있을 것으로 보인다.[37] 이럴 경우 한반도 분쟁 시 한국 해공군이 상황에 따라서는 일본의 항만과 비행장을 한미동맹 작전 차원에서 폭넓게 이용할 수 있는 여지도 생기게 될 것이다.[38]

(3) 존립위기사태의 경우

2014년 7월, 집단적 자위권 용인 결정에 의해 일본이 대응해야 할 안보위기 유형으로 새롭게 추가된 것이 존립위기사태, 즉 "일본과 밀접한 관계에 있는 타국에 대한 무력공격이 발생하여, 이에 의해 일본의 존립이 위협받고 국민의 생명과 자유·행복추구권이 근저에서 무너질 명백한 위험"이 발생한 경우이다. 집단적 자위권 용인을 건의한 '안전보장의 법적 기반의 재구축에 관한 간담회' 보고서는 이러한 존립위기사태의 유형에 대해 일본 근린에서 미국 함선이 공격받았을 경우, 미국이 직접 공격받았을 경우, 일본 선박 항행에 중요한 영향을 갖는 해협(예컨대 호르무즈 해협)에서 기뢰가 부설된 경우 등을 제시한 바 있다. 예컨대 북한이나 중국이 서태평양 해역에서 미일동맹 관련 역할을 수행하고 있는 미국 함선에 대해 해상 및 항공 공격을 가하거나, 미국 본토에 대해 탄도미사일 공격을 가할 경우, 혹은 믈라카 해협이나 호르무즈 해협 등 중요한 해상수송로에 테러 세력 등에 의한 기뢰부설로

---

37 물론 한반도 유사시 주한미군 사령관이 겸임하는 유엔군 사령관은 일본 내에 소재하는 유엔사 후방기지 7개소를 운용할 수 있게 되지만, 한국 정부 차원에서도 일본 국내 법제에서 규정한 이러한 사항들을 적극 활용할 필요가 있다.

38 미국의 빅터 차도 일본의 안보법제 강화에 의해 일본의 기지, 공항, 항구가 한미동맹에 대한 후방지원 역할을 강화할 수 있다고 보았다. Victor Cha, "Abe's military plans," *Korea Joongang Daily*(August 1, 2013).

일본이나 기타 우방국들의 상선 항행에 지장이 초래될 경우 일본은 국가안전보장회의와 내각의 결정을 거쳐 존립위기사태를 선포하고, 집단적 자위권을 행사할 수 있게 되는 것이다. 그리고 집단적 자위권 개념하에 공해 상에서 미국 함선에 대한 공격을 배제하거나, 미국으로 향하는 탄도미사일을 요격하거나, 믈라카 해협이나 호르무즈 해협 등에서의 소해작전 등을 수행할 수 있게 된다.

다만 이 경우에도 집단적 자위권 개념하에 미국 함선에 대한 보호작전에 참가하는 일본 자위대가 한국의 영역에 진입할 수 있는가가 한국에서 논란이 된 바 있다. 이에 대해 미일 '가이드라인 2015'는 제삼국에 대한 무력공격 대처에 있어서도 해당 국가의 주권을 존중해야 한다는 점을 명기하고 있어 그렇게 우려할 사항은 아니라고 보여진다.[39] 역으로 우리의 동맹국인 미국의 함선이나 본토 방어를 위해 일본의 안보적 역할을 확대하는 것은, 한미동맹을 위해서도 바람직한 측면이 있음을 기억할 필요가 있다. 또한, 믈라카 해협이나 호르무즈 해협은 우리의 경제활동과 국가이익에 중요한 관건이 되는 해역인데, 일본이 이들 해역의 안전 확보를 위해 역할을 확대하겠다는 정책 전환이 우리의 국가이익을 위해 긍정적인 측면이 있음도 유의할 필요가 있다.

---

39 유웅조, 「일본 신안보법의 주요 내용 및 쟁점과 한국의 대응과제」, 『이슈와 논점』(국회입법조사처, 2015).

2) 일본 안보체제 변화의 평가

이상에서 서술한 아베 정부하 일본 안보체제 변화에 대해서는 일본 국내는 물론이고 국제적으로도 많은 평가가 이어지고 있다. 북한은 연일 『노동신문』 등을 통해 일본의 군국주의화 움직임을 비판하고 있다. 중국 언론들은 조금 냉정한 어조이지만, 일본의 움직임을 경계하고 있다. 한국 언론도 일본이 전쟁이 가능한 국가가 되었다고 보도하고 있다. 물론 아베 정부가 임기 초에 역사 인식 문제에 대해 기존의 무라야마 담화나 고노 담화를 부정하려는 시도를 보인 것은 역사수정주의의 경향을 보여 준 것이고 비판받아 마땅하다. 이런 수정주의적 경향 때문에 주변국들의 우려도 이해가 되는 바이다.

그럼에도 불구하고 현대 일본이 군국주의로 회귀한다고 보는 시각은 객관적 일본 이해에 바탕한 것은 아니다. 1930년대에 일본이 군국주의의 길을 가게 되었던 것은 여러 요인이 존재한다.[40] 첫째, 당시 일본 정치가들이나 군사전략가들이 만주사변기의 이시와라 간지(石原莞爾)나 중일전쟁 시기의 고노에 후미마로(近衛文麿) 수상처럼 일본이 추구해야 할 국가전략과 대외전략으로 국제연맹과 당대 주요 국가들에 대해 대결적인 전략을 취했었다. 둘째, 제국 육군과 해군 수뇌부가 이러한 국가전략 기조 속에서 1936년 제국국방방침에 나타난 것처럼 소련 및 미국과의 결전을 전제로 한 군사전략을 수립했었고, 정부는 이를 수행할 수 있는 과도한 군비 증강에 국가 예산을 집중시켰다. 셋째,

40 박영준, 「인간, 국가, 국제체제, 그리고 일본의 전쟁」, 『국제정치논총』 45집 4호 (2005).

일본의 언론과 사회가 군부의 통제 속에서 군국주의화를 반대하는 자유로운 의견을 표출할 수가 없었다. 넷째, 당시의 주변국들인 조선과 중국의 국력 수준이 너무 약하여 일본의 대륙 팽창을 허용했고, 국제연맹 등 국제기구도 취약성을 보이면서 일본 및 독일의 군국주의화를 저지할 수 없었다. 이러한 군국주의화의 요인들이 21세기의 일본과 세계에는 존재하지 않는다.

일본이 전쟁이 가능한 국가가 되고 있다는 비판도 적절하지는 않다. 집단적 자위권을 적용하면서, 일본의 대외적 안보 역할이나 반경이 확대된 것은 사실이다. 그러나 유엔 회원국들은 모두가 집단적 자위권을 행사할 수 있고 행사해 왔다. 유엔 회원국으로서 집단적 자위권을 갖고 있다고 해서 우리는 중국이나 캐나다 등을 '전쟁이 가능한 국가'라고 규정하지 않는다. 더욱이 일본은 중요영향사태나 존립위기사태 등 집단적 자위권 행사의 경우에도 자위대의 활동을 인력이나 물자의 수송, 탄약 공급, 항공기 지원 등 후방지원의 경우에 한정한다는 방침을 표명하고 있다는 점도 유의할 필요가 있다.

궁극적으로 집단적 자위권의 용인과, 미국과 가이드라인을 개정하고, 국내적으로 안보법제를 재편하면서 일본이 지향하려는 바는 1990년대 이후 줄곧 일본의 현실주의적 식자(識者)와 정치가들이 구현하려던 보통국가화의 꿈, 즉 국가의 경제적 지위에 상응하는 수준에서 안보적 역할을 국제사회에서도 행하겠다는 것이 아닌가 생각된다. 예컨대 제2차 세계대전의 전범 국가였던 독일과 이탈리아가 지금은 정규군을 보유하면서 미국과의 나토 동맹하에서 대테러전쟁에 참가하고 있듯이, 일본도 기존의 비군사화 규범의 제약 속에서 벗어나 국제사회에서 군사적·안보적 역할을 할 수 있는 국가로 지향하려는 도정(道程)에 있는 것으로 보인다. 이를 '보통군사국가화'로도 부를 수 있고, '일본 안보체제의 독일화(Germanization of Japan's security posture)'로도 부를 수 있을 것이다.[41] 아베 수상 자신도 포린어페어스(Foreign Affairs)와의 인터뷰에서 집단적 자위권을 용인하게 되면, 일본이 지구 상의 다른 국가들과 같은 입장이 될 수 있다고 말한 바 있다.[42]

일본이 유엔 회원국으로서 대내적으로 안보체제 강화 등 주권을 공고히 하고, 이를 바탕으로 대외적으로 국제안보활동에 적극적 역할을 하겠다는 것을 말릴 수는 없을 것이다. 다만 독일이나 이탈리아 등 제2차 세계대전의 전범 국가들이 현재와 같은 보통군사국가화의 도정을 걷게 된 이면에는 주변 국가들과의 신뢰구축 및 공동안보를 위한 꾸준한 노력이 있었다는 점도 주목할 필요가 있다. 그런 점에서 아베 정부의 안보정책이 미일동맹을 다차원적으로 강화하면서, 지나치게 중국이나 북한에 대한 군사적 억지력을 강화하는 데 집중하는 것은 평화롭고 안정된 지역안보질서를 위해 염려할 만하다. 한때 일본은 '총합안보'나 '인간안보'와 같은 비전통적 안보 개념을 적극적으로 개발하고 실행한 경험을 갖고 있기도 하다. 그런 일본이 지역질서의 불안정에 대처하기 위한 정책의 일환으로 공동안보나 협력안보의 개념을 발전시켜

41 이러한 관점은 필자가 다른 글에서 이미 논한 바 있다. 박영준, 「일본의 방위전략」, 박철희 외, 『동아시아 세력전이와 일본 대외전략의 변화』(오름, 2014) 참조. 이승주와 조양현도 아베 정부의 외교안보정책을 보통국가론의 확대 발전, 보통국가화로 파악하고 있다. 이승주, 「중국의 부상과 일본의 21세기 외교전략: 보통국가의 다차원화」, 『EAI국가안보패널 보고서 64』(동아시아연구원, 2014. 2); 조양현, 「일본의 방위력 강화: '국가안보전략'과 '신방위계획대강' 채택」, 『안보현안분석』 제91호(국방대학교 국가안전보장문제연구소, 2014. 1. 30) 등을 참조.

42 Jonathan Tepperman, "Japan is Back: A Conversation with Shinzo Abe," *Foreign Affairs*(July/August 2013).

중국이나 북한을 포함하는 지역다자안보체제의 강화에 노력을 기울인다면, 주변국으로서도 신뢰를 가질 수 있을 것이다. 그럼에도 불구하고 집단적 자위권 개념 용인, 미일 가이드라인 개정, 안보법제 등에서 나타나듯 아베 정부가 국내 억지 태세 강화를 위한 정책에만 중점을 두고, 역내 다자간 안보 대화나 신뢰구축의 노력은 상대적으로 소홀히 하는 모습은 아쉬운 점이기도 하다.[43]

5. 맺음말: 한국의 대응 정책 방향

이상에서 검토한 아베 정부의 일본 안보체제 변화는 한국 안보에 있어 양날의 칼과 같다. 국가안보에 긍정적인 측면과 부정적인 측면이 다 같이 존재한다. 부정적인 측면은 일본과 역사 문제 및 영유권 문제로 갈등을 갖고 있는 상황에서 일본의 집단적 자위권 용인을 통한 군사활동 범위 확대는 국민들의 감정 면에서, 그리고 지역안보질서 차원에서 부담이 된다는 것이다. 한편 긍정적인 측면은 한미동맹 강화나 북한의 군사적 도발 억제, 그리고 중국의 부상에 대한 세력균형 차원에서는 도움이 되는 부분이 분명히 있다는 것이다. 따라서 우리 입장

---

43 이 점은 일본 내 자유주의 성향의 학자들이 아베 안보정책을 비판하는 논점이기도 하다. 2015년 10월 31일, 일본국제정치학회에서 개최된 안보 관련 학술 토론회에서 도쿄대학 다카하라 아키오(高原明生) 교수 등은 기타오카 신이치 등 아베 정부의 안보정책 브레인들에 대한 토론을 통해 일본이 중국에 대해 억지력 구축뿐만 아니라 대화를 통해 안보딜레마를 해소하려는 노력을 기울여야 한다고 주문하기도 했다. 다카하라 교수의 이러한 주장은 다른 글에서도 나타난다. 高原明生, 「東アジアの安全保障」, 『朝日新聞』(2015. 7. 31) 참조.

에서는 일본의 안보체제 강화를 기정사실로 간주하고, 그 긍정적 측면을 최대화하여 부정적 측면을 최소화하면서 한국의 국가이익과 국가안보에 기여하는 방향으로 이를 어떻게 활용할 것인가의 정책을 구상하는 것이 필요하다. 이를 위해 평시 및 한반도 유사시의 두 경우로 나누어 대응 정책을 강구할 필요가 있다.

우선 평시의 대응 방책으로는 한일 안보협력, 한미일 정책 협의, 동북아 다자안보협력 등을 통해 일본 안보정책 변화가 한국 안보에 불리한 영향을 주지 않도록 견제, 관리하는 노력이 필요하다. 한일관계 차원에서는 양국 간 관계 개선을 도모하면서 양자 간 신뢰구축 노력과 안보협의 채널을 상시적으로 가동할 필요가 있다. 양국 정치 및 군사 지도자들 간의 대화 채널 재개, 그리고 이미 재개된 바 있는 일본 관함식에 함선 파견, 양국 간 수색 및 구조훈련(SAREX) 재개 등을 통해 안보협력을 지속할 필요가 있다. 이를 통해 일본의 안보체제 변화가 한국의 국가이익에 부정적 영향을 미치지 않도록 관리할 필요가 있다.

한미동맹 및 한미일 정책 협의도 이와 연관하여 관리할 필요가 있다. 일본의 집단적 자위권 행사 및 존립위기사태 적용은 미일동맹에 따라 진행되는 것이므로 우리는 한미동맹 간 협의, 그리고 한미일 정책 협의 등을 통해 일본의 안보정책 추진이 한국의 국가이익을 도외시하면서 실행되는 상황을 방지해야 한다. 또한 집단적 자위권 용인 이후 예상되는 향후 미일 간의 새로운 작전계획 책정 여부에 대해서도 모니터링할 필요가 있다.

동아시아 지역전략 차원에서도 신중한 외교안보전략이 필요하다. 일본의 안보법제 및 안보체제 강화 노력은 북한의 핵·미사일 개발, 중국의 군비 증강 및 군사력 현대화, 미국의 아태지역에 대한 재균형 정책 등과 연동되어 진행되고 있다.[44] 중국의 부상에 대응하는 미국이 아베 정부에 의한 안보체제 변화를 환영하는 이유도 여기에 있다.[45] 우리의 동맹국인 미국이 환영하는 일본의 안보체제 변화에 우리가 부정적인 반응을 보일 필요는 없는 것이다. 다만 중국과 전략적 협력 동반자관계를 발전시켜야 하는 우리의 입장에서, 미국과 일본의 정책도 존중하면서 중국 등을 포함한 동아시아 차원의 다자간 군사적 신뢰구축을 위한 정책 노력을 강화할 필요가 있다. 이러한 정책이 박근혜 정부의 동북아 평화협력 구상에도 이어지는 것임은 분명하다. 2015년 11월 초에 개최된 한중일 정상회담, 그리고 향후에 아시아태평양경제협력체(APEC) 회담 등의 다자간 협의를 통해 우리가 미국, 일본, 중국 등이 참가하는 동북아 및 아태지역 다자간 안보협의 채널 가동을 정책 아젠다로 제시할 필요가 있다.

궁극적으로 우리는 한반도에서 유사사태가 발생하여 일본 자위대가 직간접적으로 한반도에 개입하는 가능성이 생기지 않도록 상황을 관리할 필요가 있다. 이를 위해 남북관계 차원에서 접촉과 대화 국면을 지속시킴으로써 일본의 집단적 자위권 발동에 빌미를 주지 않는 정책적 노력이 필요하다. 모처럼 재개된 남북 이산가족 상봉 등 남북 대

44 일본 내 대표적인 자유주의 논객의 한 사람인 후나바시 요이치(船橋洋一)도 안보 관련 법제가 일탈적 행위가 아니라 냉전 이후 안보환경에 잘 적응하기 위한 의도적인 조정이라고 평가하고 있다. Yoichi Funabashi, "Japan's gray-haired pacifism?" *International New York Times*(August 13, 2015).

45 미국 측은 2000년, 2002년, 그리고 2012년의 아미티지-나이 리포트를 통해 일본의 집단적 자위권 용인을 강하게 촉구해 왔다. 2015년 10월 7일, 커티스 스캐퍼로티(Curtis Scaparrotti) 한미연합사령관도 국방대 안보과정 특강에서 일본의 안보법제 채택이 한미동맹의 대북 억지력 강화와 유사시 대응 태세 구축에 유용하다는 점을 평가했다.

화국면을 지속해야 하고, 8·25 합의에 따른 당국 간 회담을 병행할 필요가 있다.

만일 한반도 유사사태가 실제 발생할 경우에는 일본 자위대의 개입 가능성을 최소화하는 데 주력하면서도, 일본 안보체제를 역이용하여 우리의 국가안보와 이익을 방어하는 데 활용할 필요가 있다. 그리고 한반도 유사사태 시 발생할 수 있는 여러 상황에 대한 대응 방책들을 강구해야 한다. 요코스카(横須賀), 사세보(佐世保) 등 항만과 요코다(横田), 가데나(嘉手納), 후텐마(普天間) 등의 비행장은 유엔사 후방기지 7개소에 해당하기 때문에 평시부터 협력체계를 운용할 필요가 있고, 이번에 개정된 안보법제 가운데 특정공공시설이용법은 일본에 대한 직접무력공격사태 시 미군 이외 타국군도 일본의 항만과 비행장을 이용할 수 있도록 해 놓았기 때문에, 한국 정부도 유사시에 대비해 이 문제에 대한 일본 측과의 협의를 진행할 필요가 있다.

아베 정부가 추진하는 일본 안보체제의 변화는 한국의 국가안보정책에도 적지 않은 영향을 줄 것이다. 우리로서는 이 변화가 가진 긍정적인 측면과 부정적인 측면을 잘 파악하면서, 우리의 안보에 유익한 방향으로 이를 활용하기 위한 적극적인 외교와 국방정책을 전개할 필요가 있다.

참고문헌

남기정. 2014.「일본의 전후 평화주의: 원류와 전개, 그리고 현재」.『역사비평』. 역사문제연구소.

박영준. 2005.「인간, 국가, 국제체제, 그리고 일본의 전쟁」.『국제정치논총』45집 4호.

박영준. 2012.「군사력 관련 규범의 변화와 일본 안보정책 전망」.『한일군사문화연구』 제14호. 한일군사문화학회.

박영준. 2014.「일본의 방위전략」. 박철희 외.『동아시아 세력전이와 일본 대외전략의 변화』. 오름.

아시아국제법연구회 편. 2005.『현대국제조약집』. 아시아사회과학연구원.

오자와 이치로(小沢一郎). 1993.『일본개조계획』. 방인철·김현진 역, 지식산업사, 1994.

유웅조. 2015.「일본 신안보법의 주요 내용 및 쟁점과 한국의 대응과제」.『이슈와 논점』. 국회입법조사처.

이승주. 2014.「중국의 부상과 일본의 21세기 외교전략: 보통국가의 다차원화」.『EAI 국가안보패널 보고서 64』. 동아시아연구원.

조양현. 2014.「일본의 방위력 강화: '국가안보전략'과 '신방위계획대강' 채택」.『안보현안분석』 제91호. 국방대학교 국가안전보장문제연구소.

北岡伸一. 1999.『日本の近代5: 政党から軍部へ, 1924-1941』. 東京: 中央公論新社.

入江昭. 1991.『太平洋戦争の起原』. 東京: 東京大学出版会.

田中明彦. 1997.『安全保障: 戦後50年の模索』. 東京: 讀賣新聞社.

Berger, Thomas U., 1993. "From Sword to Chrysanthemum: Japans culture of anti-militarism." *International Security* 17: 4.

Cha, Victor. 2013. "Abe's military plans." *Korea Joongang Daily*, August 1.

Choong, William. 2013. "Japan's New Politics." *Survival* 55: 3, June-July.

Cooper, Helene. 2014. "With troop drills, U. S. and Japan send Beijing a message." *International New York Times*, February 24.

Funabashi, Yoichi. 2015. "Japan's gray-haired pacifism?" *International New York Times*, August 13.

INSS Special Report. 2000. *The United States and Japan: Advancing Toward a Mature Partnership*. Institute for National Strategic Studies, National Defense University, October 11.

Liu Jiangyong. 2014. "Japan playing false in bid to be normal." *Global Times*, January 23.

________. 2015. "US-Japan defense guidelines danger to Asia." *Global Times*, April 30.

Soeya, Yoshihide. 2015. "Role of Japan for the future of the Korean Peninsula." *Closed Seminar held by the Center for International Studies*. Seoul: Seoul National University, February 13.

Takagi, Seiichiro. 2015. "Japan's Response to the Rise of China" (고려대학교 일민국제관계연구원+일본 국제문제연구소 세미나, 2015. 2. 16).

Tepperman, Jonathan. 2013. "Japan is Back: A Conversation with Shinzo Abe." *Foreign Affairs*, July/August.

Zhou Yongsheng, 2013. "Attempt by Japan to return to militarist past face tough new geopolitics." *Global Times*, December 11.

高原明生.「東アジアの安全保障」.『朝日新聞』(2015. 7. 31).

國家安全保障會議·閣議決定.「国家安全保障戦略について」(2013. 12. 17).

國家安全保障會議·閣議決定.「平成26年度以後に係る防衛計画の大綱について」(2013. 12. 17).

內閣官方.「平和安全法制の概要」(내각관방 홈페이지 검색, 2015. 9. 3).

防衛力の在り方検討のための委員会.「防衛力の在り方検討に関する中間報告」(2013. 7. 26). http://www.mod.go.jp/j/approach/agenda/guideline/2013_

chukan/20130726.pdf
防衛省.「日米防衛協力のための指針」(2015. 4. 27). http://www.mod.go.jp/j/approach/anpo/shishin/shishin_20150427j.html (검색일: 2016. 7. 5)
孫岐亨, 森本敏.「安倍政権 大論爭: 安全保障」.『文藝春秋』2013년 3월.
安全保障の法的基盤の再構築に関する懇談会 회의록(제1회) (2013. 2. 8). http://www.kantei.go.jp/jp/singi/anzenhoshou2/kaisai.html
安全保障の法的基盤の再構築に関する懇談会. "報告書"(2014. 5. 15). http://www.kantei.go.jp/jp/singi/anzenhosyou2/dai7/houkoku.pdf
岸田外務大臣. 中谷防衛大臣. ケリー国務長官. カーター国防長官「変化する安全保障環境のためのより力強い同盟」(일미안전보장협의위원회 공동발표, 2015. 4. 27). Minister for Foreign Affairs Kishida, Minister of Defense Nakatani, Secreatary of State Kerry, Secretary of Defense Carter, Joint Statement of the Security Consultative Committee (2015. 4. 27).
日美安全保障協議委員會 共同發表文(岸田外務大臣. 中谷防衛大臣. ケリー国務長官 カーター国防長官).「変化する安全保障環境のためのより力強い同盟」(2015. 4. 27).

"Editorial: Japan's Peace Constitution." *International New York Times*, May 9, 2014.
"The Guidelines for Japan-U. S. Defense Cooperation April 27, 2015." http://www.mofa.go.jp/files/000078188.pdf

제4장

일본 안보법제의 지속성과 변화

집단적 자위권 도입에 새롭게 반영된 방위조치

송화섭

2014년 7월 1일 일본 정부는 "국가의 존립을 지키고, 국민을 지키기 위한 빈틈없는 안보법제의 정비에 대해서"[1]라는 각의 결정을 발표하였다. 이를 통해서 평화헌법하에서 지켜오던 집단적 자위권에 대한 기존 방침을 변경하고 집단적 자위권을 행사할 수 있는 국가로 변모하였다.

이 논문은 일본이 집단적 자위권을 행사하게 됨으로써 안보·방위 정책에 어떠한 변화를 가져오게 되었는가를 검토하는 것을 목적으로 한다. 이를 위해서 먼저 2014년 7월의 각의 결정을 검토해 보고, 각의 결정 이후 안보법제의 추진 과정에서 논의된 논쟁을 중심으로 안보·방위 정책이 구체적으로 어떻게 변화되었는지를 살펴본다. 특히 집단적 자위권 행사는 일종의 무력행사를 의미하므로 무력행사와 관련된 내용이 구체적으로 안보법제에는 어떻게 반영되었는지 정리하고, 일본의 방위정책의 큰 흐름을 지속성과 변화의 측면에서 평가해 보고자 한다. 덧붙여서 그간 일본이 북한의 핵·미사일에 대한 대응을 위해 관심을 가져온 적기지 공격 문제가 아베 정부에서 어떻게 논의되고 추진되었는지를 살펴봄으로써 큰 틀에서 일본 방위정책의 지속성과 변화 문제를 검토해 보기로 한다.

---

1 「国の存立を全うし，国民を守るための切れ目のない安全保障法制の整備について」(2014. 7. 1).
http://www.cas.go.jp/jp/gaiyou/jimu/pdf/anpohosei.pdf

1. 2014년 7월의 각의 결정

1) 각의 결정까지의 과정

2012년 12월 중의원 선거에서 승리하면서 민주당을 퇴진시키고 등장한 아베 정부는 일본을 둘러싼 안보환경이 급격히 변화하고 있다고 인식하고, 정권 발족 직후인 2013년 2월에는 2007년 5월에 설치하였던 '안전보장의 법적 기반의 재구축에 관한 간담회'를 재개하여 집단적 자위권 행사 문제를 포함한 일본 안보법제의 개선 방향에 대해 검토하도록 하였다.

1년 남짓 검토를 거쳐 '안전보장의 법적 기반의 재구축에 관한 간담회'는 2014년 5월 아베 수상에게 보고서[2]를 제출하였다. 아베 수상은 이를 바탕으로 연립여당인 공명당과 함께 '안전보장법제 정비에 관한 여당협의회'(좌장 고무라 마사히코)를 개최하여, 집권여당 내에서의 조정에 착수했다. 이때 정부는 '사례집'[3]이란 자료집을 통해 〈표 4-1〉과 같은 열다섯 가지 유형의 상황을 예시하면서 집단적 자위권의 행사 등 법적 문제점을 제시하였다.

흥미로운 것은 예시적인 성격의 '사례집'이었으나, 2014년 7월의 각의 결정 내용이 사례집의 틀을 크게 벗어나지 않고 있으며 '사례집'

---

[2] 安全保障の法的基盤の再構築に関する懇談会, 「報告書」(2014. 5. 15). http://www.kantei.go.jp/jp/singi/anzenhosyou2/dai7/houkoku.pdf

[3] 『毎日新聞』이 2014년 6월 3일부터 21일까지 열다섯 가지 사례를 소개하였다. 사례집 전체 내용은 2015년 5월 정보공개 NPO 법인 '클리어링 하우스'에 의해 공개되었다. 「事例集」(2014년 5월 27일 정부가 여당협의회에 제시한 문건) http://clearinghouse.main.jp/web/cas0001.pdf

표 4-1. 안보법제 정비에 관해 여당협의회에 제출된 '사례집'의 주요 내용

무력공격에 이르지 않는 침해(그레이존 사태)에 대한 대처 (3항목)	• 낙도에 외국인으로 추정되는 무장집단이 불법 상륙한 경우의 대처 • 공해 상에서 훈련 · 경계 감시 중인 자위함이 무장집단으로부터 불법 행위를 당하고 있는 일본의 민간선박에 조우한 경우의 대처 • 평시에 근린국이 탄도미사일의 발사 준비에 들어갔을 때의 미 함선 방호
유엔 PKO를 포함한 국제협력 등 (4항목)	• 침략행위에 대항하기 위해, 유엔 안보리 결의에 기반한 다국적군에 대한 후방지원 • PKO에 참여하는 자위대가, 떨어진 장소에서 습격을 받은 타국 부대와 문민 요원을 구원하는 "출동경호" • PKO에 참여하는 자위대가, 임무를 수행하기 위한 무기 사용 • 영역 국의 동의에 기반한 자국민 구출
"무력행사"에 해당될 수 있는 활동 (8항목)	• 자국민을 수송 중인 미 함선 방호 • 무력공격을 받고 있는 미 함선 방호 • 일본 주변에서 유사사태가 발생했을 때, 강제적인 선박 검사(임검) • 미국을 향하는 탄도미사일의 요격 • 근린국이 탄도미사일의 발사 준비에 들어갔을 때의 미 함선 방호 • 미 본토가 무력공격을 받고, 일본 근린(지역)에서 작전을 수행하는 미 함선 방호 • 전투 하의 해상교통로에서의 기뢰 제거 • 민간선박이 공격을 받았을 때, 국제공동호위활동에 대한 참가

에서 제시된 사항들이 2015년의 안보법제 개정 과정에 거의 반영되었다는 것이다.

2) 각의 결정의 내용

'여당협의회'는 한 달 남짓한 기간 동안 '사례집'을 중점적으로 검토하여 2014년 7월 1일 "국가의 존립을 지키고, 국민을 지키기 위한 빈틈없는 안보법제의 정비에 대해서"라는 각의 결정을 발표하게 되는데, 주요 내용은 다음과 같다(표 4-2 참조).

첫째, 무력공격에 이르지 않는 침해에 대한 대처, 즉 그레이존 사

표 4-2. 각의 결정의 주요 내용(2014년)

무력공격에는 이르지 않는 침해(그레이존 사태)에 대한 대처	• 낙도 주변 등의 불법행위에 대응하기 위해 자위대의 치안출동과 해상경비행동의 발령 절차를 신속화하는 방안을 검토 • 자위대와 연계하여 일본의 방위에 도움이 되는 활동을 하는 미군부대의 무기 등을 방호하기 위해, 자위대의 무기 사용을 검토
국제사회의 평화와 안정에 대한 공헌	• 타국 군대에 대한 후방지원에서 후방 지역과 비전투 지역의 틀을 벗어나 "실제로 전투행위가 행해지는 현장" 이외에서는 보급·수송 등의 지원 활동이 가능하도록 법정비 • 유엔 PKO 등에서 자위대의 "출동 경호"와 "임무 수행을 위한 무기 사용"을 가능하게 하도록 법정비 • 자위대가 자국민 구출 등의 경찰 활동은 당연
헌법 제9조하에서 허용되는 자위의 조치	• ① 일본에 대한 무력공격이 발생한 경우뿐만 아니라, 일본과 밀접한 관계에 있는 타국에 대한 무력공격이 발생하고, 이로 인해 일본의 존립이 위협받아 국민의 생명, 자유·행복추구권이 근본부터 뒤집힐 명백한 위험이 있는 경우에, ② 이것을 배제하고 일본의 존립을 지키며, 국민을 지키기 위한 다른 적당한 수단이 없을 때, ③ 필요 최소한도의 실력을 행사하는 것은 헌법상 허용된다. • 헌법상 허용되는 무력의 행사는 국제법상 집단적 자위권이 근거가 되는 경우가 있다.

태에 대한 대응을 강화하였다.

둘째, 국제사회의 평화와 안정에 대한 공헌의 강화를 위한 무력행사와 일체화에 대한 해석 변경이다.

셋째, 헌법 제9조하에서 허용되는 자위 조치에 대한 해석 변경이다.

이러한 각의 결정이 새로운 안보법제 정비를 위한 기본방침을 담은 것이며, 소위 집단적 자위권 행사를 위한 근거가 되는 것이었다.

3) 집단적 자위권의 제한적 행사

일본 정부는 집단적 자위권의 행사에 대해서 "일본의 헌법하에서 무력행사를 허용하는 것은 일본에 대한 급박, 부정의 침해에 대처하는 것에 한정되는 것이어서, 타국에 가해진 무력공격을 저지하는 것을 내용으로 하는 소위 집단적 자위권의 행사는 헌법상 허용되지 않는다"[4]는 입장이었다.

그러나 세력 균형의 변화와 기술혁신의 급속한 진전, 대량살상무기 위협 등에 의해 일본을 둘러싼 안보환경이 근본적으로 변화되었고 계속 변화될 상황을 감안하면, 앞으로 타국에 대해 발생할 무력공격이라도 그 목적, 규모, 양태 등에 의해 일본의 존립을 위협하는 현실이 발생할 수 있다는[5] 인식에서 제한적 집단적 자위권 행사가 헌법상 허용된다는 해석을 하게 된 것이다.

그렇다면 왜 집단적 자위권의 제한적 행사라는 용어를 쓰게 되었을까? 〈표 4-2〉에서 보는 바와 같이 ①에서 일본에 대한 무력공격에 더하여 일본과 밀접한 관계에 있는 타국에 대한 무력공격으로 일본의 존립이 위협받아 국민의 생명, 자유·행복추구권이 근본부터 뒤집힐 명백한 위험이 있는 경우(이를 "존립위기사태"로 명명하였음)[6]에 이에 대한 대처로 자위 조치를 인정한다는 점에서 집단적 자위권의 행사를 허용하는 것이지만, ② 이것을 배제하고 일본의 존립을 지키며, 국민을 지키기 위한 다른 적당한 수단이 없을 때, ③ 필요 최소한도의 실력을 행

4 1972년 10월 14일 참의원 결산위원회에 제출된 "집단적 자위권과 헌법과의 관계"에 관한 정부의 견해.

5 「国の存立を全うし, 国民を守るための切れ目のない安全保障法制の整備について」(2014. 7. 1), p. 7.
http://www.cas.go.jp/jp/gaiyou/jimu/pdf/anpohosei.pdf

6 이 내용은 자위대법 76조에 다음과 같이 반영되었다.
"일본과 밀접한 관계에 있는 타국에 대한 무력공격이 발생하여, 이에 의해 일본의 존립이 위협받아, 국민의 생명, 자유·행복추구권이 근본부터 뒤집힐 명백한 위험이 있는 사태"

사하는 것으로 제한하고 있기 때문이다.[7] 특히 ②와 ③의 요건은 종래의 자위권 발동의 3요건과 거의 내용이 일치한다.[8]

즉 새로운 헌법 해석으로 제9조하에서 허용되는 자위 조치의 범위가 개별적 자위권의 행사에서 집단적 자위권의 행사도 가능하도록 확장되었지만, 필요 최소한도의 실력 행사로 제한한다는 점에서는 종래의 전수방위 원칙이 계승[9]되는 측면이 있고 이러한 점에서 집단적 자위권의 제한적 행사라고 자리매김하게 된 것이다.

2. 집단적 자위권 행사 관련 논쟁점

1) 무력행사의 지리적 범위: 해외 파병, 타국 영역에서의 무력행사

집단적 자위권의 행사는 곧 무력행사를 의미한다. 그러면 집단적 자위권의 제한적 행사로 무력행사의 지리적 범위도 제한받을 수 있을까? 새로운 헌법 해석 이전에는 자위권을 행사할 수 있는 지리적 범위가 일본의 영토, 영해, 영공으로 제한되는 것은 아니고 구체적으로 어

---

7 이러한 조건이 '무력행사의 신(新) 3요건'으로 불린다.

8 이에 대비되는 기존의 개념은 '자위권 발동의 3요건'으로 ① 일본에 대한 급박부정(急迫不正)의 침해가 있을 것, ② 이를 배제하기 위한 다른 적당한 수단이 없을 것, ③ 필요 최소한도의 실력행사에 머무를 것 등이다. 이는 1969년 3월 10일 다카쓰지 마사미(高辻正巳) 내각법제국장관의 답변에서 처음 언급되었고 이후 1972년, 1985년 국회 답변에서 재확인되었다. 참고로 급박부정의 의미는 정당방위의 요건으로 긴박한 위법행위를 의미한다.

9 「[論戦安保法制] 首相「専守防衛変わらず」」, 『産経新聞』(2015. 5. 28).

디까지 미치는가는 일괄적으로 말하기 힘들지만, 무력행사의 목적을 가지고 무장한 부대를 타국의 영토, 영해, 영공에 파견하는 소위 해외 파병은 '일반적으로' 자위를 위한 필요 최소한도를 넘어서기 때문에 헌법상 허용되지 않는다고 간주되어 왔다.[10]

이러한 해외 파병 금지의 원칙은 집단적 자위권 행사 이후에도 계승되고 있다. 2015년 8월 24일 민주당의 오가와 도시오(小川敏夫) 의원이 안보법제 심의 과정에서 한국이 타국으로부터 무력공격을 받은 경우, 즉 이것은 일본에게 존립위기사태가 되는데, 존립위기사태에서 한국에 대한 공격을 배제하기 위해 자위대가 한국 내에서 무력행사를 할 수 있는가를 질문하였다.

이에 대해 아베 수상은 2014년의 각의 결정에서 집단적 자위권을 전반적으로 인정했다면 무력공격 전반을 배제할 수 있지만, 일본 정부가 인정하고 있는 것은 무력행사의 신 3요건(이하, 신 3요건)에 해당하는 무력공격에 대한 대응이며, 무력공격에 대한 대응을 목적으로 자위대를 해외에 파견하는 해외 파병은 헌법으로 금지되어 있다고 언급했다.[11] 즉 자위대법 제88조 2항의 "사태에 대응하여 합리적으로 필요하다고 판단되는 한도를 넘어서는 안 된다"는 규정에 따라 해외 파병은 금지된다는 것이다.[12]

그렇다면 집단적 자위권의 행사는 공해상에서만 할 수 있을까? 이

---

10 『防衛白書』(2015), p. 137.

11 「首相, 半島有事の自衛隊派遣を否定「新3要件に反する」」, 『産経新聞』(2015. 8. 25).

12 해외 파병 금지와 비슷한 개념으로 "타국방어 금지"도 있다. 이것은 자국방위와 관련이 있을 때만 집단적 자위권을 행사할 수 있기 때문에, 미국 본토가 공격받아도 자위대가 미국 본토에서 전투를 벌이지는 않을 것이라는 것이다.

점에 대해 5월의 중의원 평화안전법제특별위원회에서 나카타니 겐 방위대신은, 신 3요건에 합치되면 헌법상 반드시 허용되지 않는 것은 아니라고 하면서 타국 영역에서의 무력행사도 있을 수 있다고 설명했다. 즉 기뢰 제거나 타국 영역에서 미사일 발사 기지를 타격하는 적기지 공격도 신 3요건에 합치되면 가능하다고 했다. 즉 타국 영역에서의 무력행사는 일반적으로 금지되지만, 예외적으로 가능한 경우가 있다는 것이다.[13] 한편 기뢰 제거 등과 같이 수동적이고 제한적인 행위는 신 3요건에 해당되면 허용된다는 입장도 있다.[14] 정리하면 해외 파병은 계속 금지되지만 집단적 자위권의 제한적 행사에 따라 타국 영역에서의 무력행사로 기뢰 제거와 적기지 공격은 허용된다는 것이다.[15]

2) 무력행사, 무기 사용, 그리고 일체화 회피 문제

무력행사와 무기 사용은 영어로 "use of force"로 차이가 없지만, 일본에서는 구별된다. 무력행사는 자위대와 같이 물적·인적 조직체가 무력분쟁의 일환으로 전투행위를 하는 것이다. 집단적 자위권의 행사를 통한 무력행사는 존립위기사태로 인정하였을 때만 가능하다. 그렇지 않으면 경찰권에 기반한 무기 사용으로 대응한다.[16]

---

13 「集団的自衛権行使の地理的範囲 民主,「政府の矛盾」追及へ」,『産経新聞』(2015. 5. 26).

14 기뢰 제거는 수동적이고 제한적인 행위이지만 무력행사에 해당한다는 점에 유의할 필요가 있다.

15 적기지 공격 문제는 집단적 자위권 행사로 허용된 것은 아니지만, 집단적 자위권 행사로서의 무력행사로도 이해될 수 있으므로 별도로 검토한다.

16 「安保法案与党合意 自衛隊活動に残る制約」,『産経新聞』(2015. 5. 12).

그런데 집단적 자위권의 행사를 계기로 그간 집단적 자위권을 행사하지 않는다는 전제하에 매우 엄격히 제한되었던 무기 사용 기준이 완되었다. 종래에는 PKO에 참가하는 자위대에 자기보존형 무기 사용만을 인정하고, 임무수행형은 인정하지 않았다. "국가에 준하는 조직"에 대해 임무수행형의 무기 사용을 하면, 무력행사가 될 수 있다는 것이다.

그러나 지난 20년간의 PKO에서 그러한 조직에 맞닥뜨린 경우가 없었고, 이러한 경험에서 각의 결정에서는 임무수행형의 무기 사용이 인정되었다. 이를 통해 일본은 PKO에서의 치안유지활동 등을 수행할 수 있게 되었고, 해외 일본인 구출에서도 임무수행형 무기 사용이 가능하게 되었다. 해외 일본인 구출에서도 "국가에 준하는 조직"에 조우하지 않을 것이라는 전제가 있다. 따라서 타국군에 대한 후방지원에서는 임무수행형의 무기 사용이 허용되지 않는다.[17]

다음으로 후방지원에 있어서 무력행사와의 일체화 회피를 완화하게 되었다. 종래에는 자위대의 활동 범위를 비전투 지역으로 한정하여, 타국의 무력행사와 일체화되는 것을 회피하였다. 여기서 비전투 지역이란 실제로 전투행위가 행해지지 않는 지역이면서, 예상되는 활동 기간 동안 전투행위가 일어나지 않을 것으로 인정되는 지역을 의미하였다. 그러나 무력행사와의 일체화 회피를 완화하여 실제로 전투가 진행되지 않으면 가능하도록 하였다. 이렇게 완화하더라도 자위대의 활동 지역이 "실제로 전투가 진행되는 현장"이 되면 철수해야 하고 철수를 목적으로 한 무기 사용은 가능하지만, 전투 중인 타국군을 도우면

17 「[よく分かる安全保障法制](1)「任務遂行型」武器使用」, 『産経新聞』(2015. 3. 24).

타국군의 무력행사와 일체화된다고 간주되어 헌법 위반으로 간주된다.

3. 적기지 공격 능력에 관한 논의

적기지 공격 문제는 집단적 자위권의 행사와 직접 관련된 사항이 아니다. 일본 정부는 개별적 자위권의 행사 차원에서도 이미 적기지 공격은 허용된다는 입장이었기 때문에, 집단적 자위권의 행사에 따른 무력행사의 일환으로 적기지 공격을 허용하는 것은 기존의 방침과 크게 모순되지 않는다. 그런데 적기지 공격 능력 문제를 이해하기 위해서는 우선 왜 적기지 공격이 문제가 되는지를 검토해 볼 필요가 있다. 따라서 우선 적기지 공격과 전수방위와의 관계를 살펴보고, 이에 따라 파생되는 적기지 공격 능력의 보유 문제에 대해 검토해 보기로 한다.

1) 적기지 공격과 전수방위

적기지 공격에 관한 논의를 이해하기 위해서는 적기지 공격과 전수방위와 관련된 세 가지를 먼저 이해해 둘 필요가 있다.[18]

첫째, 적기지 공격 문제가 과연 전수방위 개념과 양립할 수 있는가 하는 것이다. 전수방위를 견지하면서 적기지 공격이 가능하다는 것은 언뜻 이해하기 힘들기 때문이다. 이 두 가지 개념이 양립할 수 있게

---

18 적기지 공격과 전수방위의 관계에 대해서는, 송화섭, 「적기지 공격 능력의 보유와 전수방위」, 『동북아정세분석』(2009. 6. 5) 참조.

된 것은 적기지 공격이 가능하다는 개념이 1956년 하토야마 정부 때 이미 성립되어 있었고, 그 이후 1970년대에 전수방위 개념이 정착되었기 때문이다. 하토야마 내각 당시 하토야마 수상은 적기지 공격에 대해서 "일본에 대한 유도탄 등의 공격이 있을 경우, 앉아서 자멸을 기다리는 것이 헌법의 취지라고는 생각하지 않는다. 공격을 방어하는 데에 다른 수단이 없다고 인정되면, 유도탄 등이 기지를 타격하는 것은 법리적으로는 자위의 범위에 포함되어 가능"하다는 내각 통일 견해를 제시했다.[19]

전수방위는 '헌법을 지키면서 국토방위에 전념한다'[20]는 것으로 1970년『방위백서』에서 처음으로 언급되었다. 이후 1972년 다나카 가쿠에이(田中角栄) 수상이 1972년 10월 31일 중의원 답변에서 "방위상의 필요에서도 상대 기지를 공격하지 않고 오직 일본 국토 및 그 주변에 있어서 방위를 하는 것으로 이것은 일본 방위의 기본적인 방침이며, 이러한 기본 개념을 바꾸는 것은 있을 수 없다"고 언급하였다.[21] 다나카 수상의 언급에 따르면 전수방위와 적기지 공격은 명백히 양립할 수 없는 개념이다.

그런데 1981년 참의원 예산위원회에서 오무라 조지(大村襄治) 방위청 장관은 "상대방으로부터 무력공격을 받았을 때 비로소 방위력을 행사하고, 그 행사 방법에 있어서도 자위를 위한 필요 최소한도로 제한하며, 보유하는 방위력도 자위를 위한 필요 최소한도로 제한하는 등, 헌

---

19 防衛省(内部部局),『平成23年版 防衛ハンドブック』(東京: 朝雲新聞社, 2011), p. 653.

20 http://www.clearing.mod.go.jp/hakusho_data/1970/w1970_02.html.

21 防衛省(内部部局),『平成23年版 防衛ハンドブック』, p. 682.

법의 정신에 따른 수동적인 방위전략 자세를 말한다"고 답변하였다. 이후 일본의 『방위백서』에서는 이 내용을 전수방위의 개념으로 제시하고 있다.

정리하면 1956년 하토야마 정부에서 적기지 공격이 가능하다는 국회 답변이 있었는데 일본 내에서는 전수방위 개념이 정착되어 나가는 중이었다. 이후 1970년대 다나카 정부에서 적기지 공격을 허락하지 않는 전수방위 개념까지 발전하였으나, 1980년대에는 상대 기지를 공격하지 않는다는 부분이 빠져나가면서 적기지 공격과 양립하게 된 것이라 볼 수 있다.

둘째, 적기지 공격이 허용된다면 선제적 적기지 공격도 허용되는가 하는 점이다. 북한의 핵·미사일 위협이 심화될수록 일본 내에서는 선제적 공격의 필요성이 곧잘 제기되고 있기 때문이다. 즉 일본이 공격을 받았을 때만 적기지를 공격하는 것이 허용되는가 그렇지 않으면 발사 직전의 단계에 있는 탄도미사일 등을 발사 전에 파괴하는 선제적 적기지 공격도 허용되는가 하는 문제이다. 현재의 전수방위 원칙에서는 상대방으로부터 무력공격을 받았을 때 비로소 방위력을 행사한다고 언급하고 있기 때문에 선제적 적기지 공격은 허용되지 않는 것으로 해석하는 것이 타당하다.[22] 일본 국민들도 이러한 점은 부족하지만 상당히 이해하고 있는 것으로 보인다. 산케이신문이 실시한 여론조사에서 적기지 선제공격 능력을 가져야 한다고 대답한 응답자가 96%에 이

22 「[金曜討論] 敵基地先制攻撃 志方俊之氏, 小川和久氏」, 『産経新聞』(2013. 3. 29). 자위대 출신인 시카타 도시유키(志方俊之)도 선제적 적기지 공격보다는, 적의 공격을 받았을 때 미사일 방위로 요격하고, 다시 연속하여 발사해 오지 않도록 제2 가격(加擊)을 중심으로 적기지 공격 능력을 준비할 필요가 있다는 입장이다.

르고 있지만, 적기지 선제공격이 현형 헌법에서 가능한가라고 질문했을 때, 43%만 가능하다고 대답하고 57%는 불가능하다고 대답하고 있다.[23]

그러나 선제적 적기지 공격의 필요성은 아소 정권 이후 이미 언급됐고, 적기지 공격의 필요성을 인정한 논리인 "앉아서 자멸을 기다릴 수는 없다"는 것을 같이 적용하여 자멸을 피하기 위해서는 선제적 공격이 필요하다는 주장이 꾸준히 제기되고 있어, 앞으로 적기지 공격 능력의 보유 문제와 함께 거론될 것으로 예상된다.

셋째, 적기지 공격은 할 수 있지만 과연 적기지 공격 능력은 가질 수 있는가의 문제이다. 전수방위 원칙에 따르면 보유하는 방위력도 자위를 위한 필요 최소한도로 제한하고 있다. 이에 따라 일본은 전투행동 반경이 짧은 전술항공기에 의한 대지공격 능력을 제외하면, 기본적으로 소위 공격적 능력을 보유하지 않고 있다. 예를 들면 B-52와 같은 폭격기, 대륙간탄도미사일(ICBM)과 같은 전략미사일, 공격용 항공모함의 보유를 자제하고 있다. 또한 미일동맹 속에서도 미국이 창의 역할, 즉 보복 공격의 임무를 맡고 일본이 방패의 역할, 즉 거부적 억지력을 달성하기 위한 방어의 역할만을 주로 담당하고 있다. 일본은 기본적으로 적기지 공격은 허용되지만, 아직까지 적기지 공격 능력은 보유하지 못한다는 것이 기존의 방침이라고 이해된다.

---

23 「[私も言いたい] テーマ「敵基地先制攻撃」「能力保持すべきだ」96%」, 『産経新聞』(2013. 3. 29).

2) 적기지 공격 능력의 보유를 위한 노력과 좌절

적기지 공격 능력 보유에 대한 논의는 2000년대부터 있었으나, 아베 정부 발족 이후 2013년 2월 12일 북한의 3차 핵실험과 2013년 연말로 예정된 방위계획대강의 개정과 맞물려 활발히 논의되었다.

아베 수상은 2013년 2월 중의원 예산위원회에서 "국제 정세의 변화"를 반영하여 공격 능력 보유를 검토할 필요가 있다는 견해를 나타내면서, 항공자위대가 도입하려는 F-35A 전투기에 적기지 공격용의 미사일을 장착시킬 수 있다고 언급했다. 아베 수상은 적기지 공격 능력을 미국에 계속 의존해도 좋은가, F-35A의 능력을 살릴 수 있는가를 검토해야 한다고 했다.

적기지 공격 능력 보유에 대해서는 자민당 내에서 이미 어느 정도 의견이 모아진 상태였다. 자민당은 2010년 방위계획대강의 개정을 앞두고 발표한 자민당의 새로운 방위대강에 대한 제언[24]에서 "미일 공동대처를 전제로 하는 미사일방어체제를 보완하는 적기지 공격 능력, 나아가 타격력의 향상에 의한 억지력의 향상을 포함하여 탄도미사일 위협에 대응"하도록 명기하였다. 구체적으로 미일 안보체제하에서 적 미사일 기지 공격 능력의 보유를 제안하였는데, 예방적 선제공격은 하지 않는 범위에서 일본에 의한 적 미사일 기지 공격 능력의 보유를 검토해야 한다고 제안했다.

2013년의 방위계획대강의 개정을 앞두고 발표된 제언에서는 보다

---

24 自由民主党政務調査会·国防部会, 自民党, 「提言·新防衛計画の大綱について」(2010), pp. 10-14.
http://www.jimin.jp/policy/policy_topics/pdf/seisaku-017.pdf

구체적으로 추진 방법이 언급되어 있다.

먼저 핵·탄도미사일 공격에 대한 대응 능력을 강화하는 측면에서, 종전부터 법리상으로 가능한 것으로 간주되어 온 자위대에 의한 책원지 공격 능력의 보유에 대해서 주변국의 핵무기, 탄도미사일 등의 개발, 배치 상황을 고려하여 검토를 개시하고 신속히 결론을 얻도록 주문하고 있다.

그리고 미일 간의 역할 분담 측면에서 책원지 공격에 대한 타격력을 미국에 의존하고 있지만, 이러한 역할 분담의 적절성을 재검토하고 가이드라인 협의 등을 통해 정리할 필요가 있다. 우선 미사일 위협에 대한 억지력을 강화하는 관점에서 일본 독자의 타격력(책원지 공격 능력)의 보유에 대해서 검토를 개시하고 신속히 결론을 내리기를 주문하고 있다.[25]

2013년 7월에 발표된 『방위백서』는 이례적으로 적기지 공격의 개념을 소개하면서 아베 수상이 언급한 "타격력에 있어서 미군에 의존하게 되어 있지만, 실제로 일본을 공격하려는 미사일에 대해 미군에게 공격해 주도록 부탁하는 것이 좋은가"라는 내용을 소개하고 있다.

이러한 흐름 속에 방위성은 이미 단거리 탄도미사일 개발 검토에 착수하고 있었다.[26] 사정거리를 400~500km로 제한하여 적기지 공격 능력 문제와 관계가 없다는 입장을 취했지만 적기지 공격 능력을 독자

---

25 自由民主党,「新防衛計画の大綱」策定に係る提言: 防衛を取り戻す」(2013. 6. 4). http://www.jimin.jp/policy/policy_topics/pdf/pdf106_2_1.pdf

26 「短距離弾道ミサイル開発 防衛省検討 大綱案明記へ」,『産経新聞』(2013. 6. 26). 단거리 탄도미사일 개발 문제는 2013년 연말에 개정될 방위계획대강 초안에 포함시켜, 2014년도 방위예산에 조사연구비를 포함시킬 예정이었다고 보도되었으나, 실현되지는 않았다.

적으로 갖기 위한 첫걸음으로 해석된다.

2013년 7월 26일 오노데라 이쓰노리(小野寺五典) 방위대신도 기자회견에서 적기지 공격 능력 보유 문제에 대해 적극적으로 임할 것임을 분명히 밝혔다. 즉 적의 공격이 반복되는 경우 자위를 위해 책원지를 타격력으로 공격하는 것은 당연히 검토되어야 할 과제이며, 이 과제는 정부 내에서 또한 미일 간에 논의될 필요가 있다고 답변하였다. 선제공격의 가능성에 대해서는 부정하였다. 그리고 미일 간의 논의 상황에 대한 질문에 대해서는, 미일 간에는 가이드라인을 포함한 다양한 논의가 진행되고 있는데 상세한 내용은 말할 수 없고 일본이 안고 있는 안보환경의 현재 상황, 예를 들면 북한에 대한 문제에 대해서 누차 논의하고 있다는 정도로 언급하였다.[27] 오노데라 방위대신은 8월 26일 강연회에서 적기지 공격 능력에 대해 신중히 미국과 협의하고 있으며 가이드라인 개정을 통해 1~2년 내에 결론을 내겠다는 뜻도 밝혔다.[28]

방위계획대강의 개정과 가이드라인 개정이 논의되는 상황에서 일본은 적기지 공격 능력 보유를 위해 미국과 신중한 협상을 추진한 것으로 보인다. 2013년 8월 29일 미일 국방장관 회담에서는 일본의 적기지 공격 능력의 보유에 대해 양국이 긴밀히 의견을 교환하기로 하였고, 특히 오노데라 장관은 북한에 대한 대응을 염두에 두고 적기지 공격 능력 보유를 강조한 것으로 알려졌다.[29]

---

27 自由民主党, 「新防衛計画の大綱」 策定に係る提言: 防衛を取り戻す」(2013. 6. 4). http://www.mod.go.jp/j/press/kisha/2013/07/26.html

28 「敵基地攻撃能力 1, 2年で結論」, 『産経新聞』(2013. 8. 27).

29 「集団的自衛権 行使容認議論 米「理解している」 防衛相会談」, 『産経新聞』(2013. 8. 29).

당시 미일 간에 적기지 공격 능력 보유 문제가 어떻게 논의되었는지, 그리고 어떤 결론을 내리게 되었는지 공개적으로는 알려진 내용이 없다. 2013년 연말에 발표된 방위계획대강에는 적기지 공격 능력 문제가 명기되지 않았고, 2015년에 발표된 가이드라인에서도 타격력에 대한 미일 간의 역할 분담에 대해서는 전혀 언급되지 않았다는 점에서, 미일 간의 협상에서 일본이 적기지 공격 능력을 보유하는 문제에 대해 미국의 동의를 이끌어 내지 못한 것으로 보인다.

일본은 왜 적기지 공격 능력 보유에 대해 미국으로부터 동의를 이끌어 내지 못한 것일까? 오가와 가즈히사(小川和久)는 미일동맹의 틀에서 적기지 공격 능력을 가질 수 있다는 견해도 있지만, 미국이 인정하지 않을 것으로 예견하고 있었다. 미국은 일본의 군사적 자립에 반대하고 있기 때문에, 일본이 자립해서 군사력을 가질 각오가 없으면 미일동맹을 활용하는 것 외에는 선택지가 없다고 보았다.[30] 즉 미국은 일본이 독자적인 타격력을 가지고 전쟁을 시작하는 것을 원하지 않는다는 점, 즉 일본이 주도하는 전쟁에는 말려들고 싶어 하지 않는다는 점이 강력하게 작용했다는 것이다.

한편 다른 해석은 미국이 일본의 군사적 자립을 경계했다기보다 동아시아의 군사력 구도 및 역내 국가와의 관계에 더 방점을 두고 있었다고 본다. 구리타(栗田真広)는 미일 가이드라인 개정에서 적기지 공격 능력 보유 문제가 다루어지지 않은 것에 대해 "일본이 타격력을 보유하는 것으로 동아시아의 군사력 균형이 무너지고, 미국의 확장억지에 대한 동맹국의 신뢰가 흔들리고 있다고 받아들여질 우려가 있다는

30 「[金曜討論] 敵基地先制攻撃 志方俊之氏, 小川和久氏」, 『産経新聞』(2013. 3. 29).

점에서 미국이 곤란하다는 입장을 보였다"[31]고 정리하고 있다. 또 다른 해석으로는 일본이 스스로 적기지 공격 능력의 보유 문제를 미일 간에 언급하기를 자제했다는 추측도 있다.

어떤 해석을 취하든 일본의 과도한 역할 확대를 견제하는 미국이 일본의 적기지 공격 능력 보유에 반대한 것으로 해석할 수 있다. 일본이 적기지 공격 능력 보유와 관련해서 북한의 핵·미사일 위협을 특히 강조했다는 점에서, 그리고 현재 실질적인 안보위협이 되는 중국을 거론하지 않았다는 점에서도 동아시아의 군사력 구도 및 일본과 역내 국가와의 관계, 미국의 확장억제에 대한 신뢰 손상 문제 등이 더 설득력 있어 보인다.

그리고 군사기술적인 측면에서도 적기지 공격 능력을 보유하는 것은 그렇게 간단한 문제가 아니다. 이동식 발사대에 탑재되어 고속으로 이동하는 미사일을 발사 직전에 포착하기가 어렵고, 자위대의 능력면에서도 정찰위성과 전자전기 등을 대폭 강화해야 적기지 공격을 실효적으로 할 수 있어 결국에는 미일 간의 포괄적인 탄도미사일에 대한 대책이라는 관점에서 적기지 공격 능력 문제가 다루어질 수밖에 없다는 것이다. 그렇다면 미국의 입장에서는 현시점에서 굳이 일본과 타격력에 있어서 역할 분담을 할 필요가 있는지 의문이 들 수 있다. 그러나 북한의 핵개발이라는 근본적인 문제가 해결되지 않은 이상, 적기지 공격 능력의 보유는 앞으로도 논점으로 부상할 가능성이 크다.

---

31 栗田真広, 「日米同盟の抑止態勢をめぐる現状と課題」, 『調査と情報』 No. 860(2015. 3. 25), p. 11.

4. 맺음말: 지속성과 변화

이상에서 일본의 집단적 자위권의 행사를 무력행사 및 무기 사용, 무력행사와의 일체화 관점에서 검토해 보았다. 무기 사용 문제는 앞으로 일본 방위성 및 자위대가 부대행동기준[32]을 개정해 나가는 과정에서 좀 더 구체적인 윤곽이 드러날 것이다.

무력행사의 관점에서 집단적 자위권의 제한적 행사의 의미를 짚어보면 일본은 존립위기사태 시에 무력행사를 할 수 있다는 점, 무기 사용의 제한이 완화되어 임무수행형 무기 사용이 가능해졌다는 점, 무력행사와의 일체화 회피가 완화되었다는 점이 새롭게 도입된 방위 조치라 할 수 있다.

이를 한일관계의 측면에서 보면 무력행사와의 일체화 회피가 완화됨으로써 KTO(Korea Theater of Operations: 한국 작전전구) 내에서 자위대가 후방지원 역할을 할 수 있게 되었다는 점만이 크게 부각되었다. 오히려 존립위기사태 시의 무력행사가 해외 파병의 금지로 매우 제한되어 있다는 점은 그다지 논의되고 있지 않았다. 한국의 입장에서는 일본이 한국의 영역에 들어올 수 있는가의 문제에만 관심을 가질 것이 아니라, 일본은 한반도 유사시에 무력행사를 할지, 무기 사용을 할지, 그리고 이 두 가지의 차이는 현실에서 어떻게 나타날지 등에 대해 좀 더 깊이 있는 관심을 가질 필요가 있지 않을까 생각된다.

일본은 집단적 자위권의 행사에도 불구하고 전수방위, 해외 파병 금지 등의 원칙을 견지하고 있다. 무력 사용과 무기 사용을 구분하여

---

[32] 교전규칙(ROE: Rule of Engagement)을 의미한다.

무력 사용을 절제하고 있다는 점은 헌법 제9조의 정신을 그나마 지키고 있는 것이며, 방위정책의 지속성으로 평가될 수 있을 것이다.

한편 무력행사의 또 다른 관심 대상인 적기지 공격 능력 보유 문제는 아베 정부 초기에 활발히 논의되고 추진되었으나, 집단적 자위권의 제한적 행사가 결정되기 이전에 추진력이 상실된 것으로 보인다. 적기지 공격 능력을 보유함으로써 일본 방위정책의 또 다른 제약을 풀려고 했던 아베의 꿈은 실현되지 않았다. 일본이 집단적 자위권을 행사하게 되었지만 큰 숙제는 풀지 못했다. 왜냐하면 장거리 공격 능력 및 군사력 투사 능력이 중시되는 현대전의 양상을 고려할 때, 현재의 제약을 안고 집단적 자위권을 행사하는 데는 많은 제약이 따를 수 있기 때문이다. 어쩌면 적기지 공격 능력 수준의 군사력을 가지지 않고 집단적 자위권을 전면적으로 행사하는 것이 어려울지도 모른다. 집단적 자위권을 도입하였지만, 이전 제도가 지속된 가장 중요한 부분이 여기에 있다고 볼 수도 있다.

일본과 관련된 안보 문제에 대해서는 부정적인 시각에서 바라보는 경향이 많다. 그리고 일본이 어떤 의도를 가지고 이미 많은 것을 달성해 놓았다고 속단하는 경우도 많다. 일본에 대해 전쟁할 수 있는 국가, 자위대의 한반도 상륙을 우려할 것이 아니라 일본이 어떠한 논리 속에서 집단적 자위권을 행사하고 있는지를 면밀히 파악하고, 그 연장선상에서 변화된 일본의 방위정책에 관한 안보 대화를 실시하여 상호간의 신뢰를 회복하는 노력이 필요해 보인다.

참고문헌

송화섭. 2009.「적기지 공격 능력의 보유와 전수방위」.『동북아정세분석』. 한국국방연구원.

沓脱和人. 2015.「限定的な集団的自衛権の行使のための法整備－事態対処法制の改正」.『立法と調査』No. 366.
等雄一郎. 2015.「日米関係から見た集団的自衛権論議－日米防衛協力の進展と集団的自衛権」.『レファレンス』No. 770.
柳澤協二. 2015.『亡国の集団的自衛権』. 東京: 集英社.
栗田真広. 2015.「同盟と抑止－集団的自衛権議論の前提として」.『レファレンス』No. 770.
栗田真広. 2015.「日米同盟の抑止態勢をめぐる現状と課題」.『調査と情報』No. 860.
防衛省(内部部局). 2011.『平成23年版 防衛ハンドブック』. 東京: 朝雲新聞社.
防衛省. 2015.『平成 27年版 日本の防衛－防衛白書』.
日高義樹. 2015.『誰も知らない新しい日米関係－集団的自衛権で何が変わる』. 東京: 海竜社.
中内康夫. 2014.「集団的自衛権の行使容認と安全保障法制整備の基本方針 － 閣議決定を受けての国会論戦の概要」.『立法と調査』No. 356.
浅井一男. 2015. 新たな日米防衛協力のための指針－その経緯と概要､論点.『調査と情報』No. 874.

[よく分かる安全保障法制](1)「任務遂行型」武器使用」.『産経新聞』(2015. 3. 24).
「国の存立を全うし, 国民を守るための切れ目のない安全保障法制の整備について」

(2014. 7. 1). http://www.cas.go.jp/jp/gaiyou/jimu/pdf/anpohosei.pdf
「[金曜討論] 敵基地先制攻撃 志方俊之氏, 小川和久氏」.『産経新聞』(2013. 3. 29).
「短距離弾道ミサイル開発防衛省検討 大綱案明記へ」.『産経新聞』(2013. 6. 26).
「[論戦安保法制] 首相「専守防衛変わらず」」.『産経新聞』(2015. 5. 28).
「事例集」. 2014. http://clearinghouse.main.jp/web/cas0001.pdf (2014년 5월 일본 정부가 여당협의회에 제시한 문서)
「[私も言いたい] テーマ「敵基地先制攻撃」「能力保持すべきだ」96%」.『産経新聞』(2013. 3. 29).
「首相, 半島有事の自衛隊派遣を否定「新3要件に反する」」.『産経新聞』(2015. 8. 25).
「安保法案与党合意 自衛隊活動に残る制約」.『産経新聞』(2015. 5. 12).
安全保障の法的基盤の再構築に関する懇談会.「報告書」(2014. 5. 15). http://www.kantei.go.jp/jp/singi/anzenhosyou2/dai7/houkoku.pdf
自由民主党. 2013.「新防衛計画の大綱」策定に係る提言: 防衛を取り戻す」. http://www.jimin.jp/policy/policy_topics/pdf/pdf106_2_1.pdf
自由民主党政務調査会・国防部会, 自民党. 2010.「提言・新防衛計画の大綱について」. http://www.jimin.jp/policy/policy_topics/pdf/seisaku-017.pdf
「敵基地攻撃能力 1, 2年で結論」.『産経新聞』(2013. 8. 27).
「集団的自衛権 行使容認議論 米「理解している」防衛相会談」.『産経新聞』(2013. 8. 29).
「集団的自衛権行使の地理的範囲 民主,「政府の矛盾」追及へ」.『産経新聞』(2015. 5. 26).

제5장

미국과 일본의 안보협력과 한국의 안보전략

이기태

1. 들어가는 말

아베 신조 정부는 2012년 12월 26일 발족 이후 보수이념화 작업을 추진하고 있다. 이것은 아베 수상이 주장하고 있는 '전후 체제 탈각'을 실현하기 위한 것이다. '전후 체제'는 1951년 샌프란시스코 강화조약 체결을 통해 미국이 구축한 동아시아의 국제질서를 나타내며, 이는 태평양 전쟁 종료 이후 지금까지 작동하고 있을 뿐 아니라 일본을 구속하고 있는 체제, 즉 평화헌법과 샌프란시스코 강화조약, 그리고 그 틀 속에서 이루어진 미일안보조약과 일본의 요시다 시게루 수상이 선택한 '요시다 독트린'에 의해 지금까지 유지되어 온 미일관계를 의미한다.

사실 일본은 '요시다 독트린'을 통해 안보는 미국에 맡기면서 경제우선주의를 추구하는 전후 안보방위정책을 전개해 왔다. 아베 수상은 냉전 시기에 효과적으로 운영되었던 '요시다 독트린'에서 벗어나 새로운 동아시아 질서 변화에 대응하기 위해 '전후 체제 탈각'을 주장하고 있다. 아베 수상은 이러한 이념을 바탕으로 구체적인 일본의 미래상을 '보통국가화' 추구로 표현하고 있는 것이다.[1] 구체적으로는 2014년 7월 1일, 집단적 자위권 행사 용인 각의 결정과 그 이전에 이루어진 무기수출금지 3원칙 폐기 등을 통해 전후 일본이 추구해 왔던 '전수방위체제'를 탈피하려는 시도이다.

[1] 일본의 보통국가화는 아베 수상 한 사람에 의한 새로운 경향은 아니다. 탈냉전 이후 '보통국가화'를 향해서 계속적으로 변화해 온 일본의 보수적인 안보정책의 흐름이며, 심지어 민주당 정부(2009-2012년)의 안보정책 역시 이러한 흐름의 연장선상에 있었다고 평가받는다. 김준섭, 「민주당 정권의 안보정책」, 진창수·신정화 엮음, 『일본 민주당 정권의 탄생과 붕괴: 대내외정책 분석을 중심으로』(오름, 2014), p. 354.

일본의 보통국가화는 미일동맹 강화와 깊은 관련이 있다. 즉 집단적 자위권 행사 용인은 미일동맹 강화와 밀접한 관계를 가지며, 2015년 4월 가이드라인 개정으로 이어졌다. 새로운 가이드라인을 통해 미일 양국은 동맹의 글로벌화에 합의하였고, 세계적·지역적 차원의 군사적 위협뿐만 아니라 비군사적 위협에도 공동 대응할 것을 약속했다.

이와 같이 일본이 보통국가화 및 미일동맹 강화를 모색하는 것은 무엇보다 국제안보환경이 급격히 변하고 있다는 사실을 인식한 결과이다. 국제안보환경 변화와 이에 따른 위협의 변화는 다음과 같이 크게 두 가지 측면에서 생각할 수 있다.

첫째, 일본 주변 안보 상황 악화 및 외부 위협의 증가이다. 2000년대 이후 동아시아에서는 군사적·경제적 측면에서 중국의 급격한 부상이 나타나고 있으며, 일본은 2010년 이후부터 중국과 센카쿠 열도 영유권을 놓고 첨예한 분쟁을 겪고 있다. 특히 아베 정부 내에서는 센카쿠 열도를 둘러싸고 '그레이존(gray zone, 해상보안청과 자위대 출동의 경계에 있는 상황) 사태' 발생을 경계하면서 이와 같은 새로운 위협에 대한 대응 방안이 집단적 자위권 허용 과정에서 활발히 논의되었다.

둘째, 글로벌 차원의 새로운 위협에 따른 안보 과제가 등장하고 있다. 매년 증가하고 있는 사이버 공격의 고도화 및 복잡화, 우주개발 및 우주공간 확보 필요성, 테러리즘 및 해적에 의한 피해 발생 등이 일본의 새로운 안보위협으로 등장하고 있다.

이 논문에서는 위와 같은 일본의 주변 위협 및 새로운 위협에 대처하기 위한 미국과 일본의 안보협력을 아베 정부의 집단적 자위권 행사 용인 및 미일 가이드라인 개정을 중심으로 살펴보고, 마지막으로 이에 대응하기 위한 한국의 안보전략을 제시하는 것을 목적으로 한다.

2. 미일 안보협력: 미일동맹 강화 및 역할 분담

1) 미일 안보협력의 역사적 경과

1945년 종전 직후부터 미국은 동아시아 전략에 따라 미군이 자유롭게 주둔하고 군사력을 전개하기 용이한 기지를 제공할 수 있는 일본을 만들려고 했다. 미국은 이러한 상태를 유지하기 위해 변화하는 국제환경과 미국의 세계전략, 일본의 국내 정치 환경의 변화에 따라 미일관계를 운영해 왔다.

한편 일본은 제2차 세계대전 패전 이후 맥아더 사령부에 의해 군국주의 해체 및 전쟁을 할 수 없는 평화주의 국가를 지향하게 되었고, 요시다를 비롯한 일본 정치가들은 이러한 미국의 정책에 적극적으로 협력하였다. 또한 1946년 제정된 일본 '평화헌법'은 전문에서 평화주의를 표명하고, 제9조 1항 및 2항을 통해 전후 일본이 더 이상 '군국주의적이고 침략적'인 정책 수단을 갖지 않을 것을 천명하면서 '전쟁할 수 없는 국가'를 선언하였다.

하지만 동서 냉전의 격화와 함께 미국은 동아시아 지역에서 일본의 전략적 역할에 대한 재평가를 하기 시작했다. 즉 새로운 위협으로 등장한 소련의 팽창적 전략을 봉쇄하기 위해 일본을 대소 봉쇄를 위한 전진기지로 활용한다는 것이었다. 이와 같이 미국은 점령 초기에 일본을 철저히 민주화, 비군사화시키려고 했지만 냉전 격화에 따른 미국의 대일 정책의 변화, 즉 '역코스(reverse course)' 정책에 따라 미일동맹 체제가 불가결해졌다. 그리고 그 일환으로 1951년 9월, 일본은 샌프란시스코 강화조약을 체결한 후 바로 미국과 미일안보조약을 체결했다.

미일안보조약 체결은 미국의 동아시아 지역 질서 구상에서 미국이 일본에게 보다 많은 역할을 분담해 줄 것을 바라는 의미가 담겨 있었다. 즉, 국제 냉전체제는 미국으로 하여금 일본의 방위력 증강과 부담 분담을 요구하였다. 탈냉전기 미일관계는 일시적인 동맹표류를 거치면서 미국의 동아시아 개입(engagement) 전략, 9·11 이후의 대테러 전략, 중국의 부상에 대한 대응과 '아시아로의 회귀' 전략에 따라 지속적으로 일본의 역할 확대를 요구해 왔다.[2]

냉전부터 지금까지 미국은 다음과 같은 다섯 시기에 걸쳐 일본과의 역할 분담을 통한 미일 안보협력을 모색해 왔다.[3] 첫 번째 시기는 냉전의 시작과 함께 미일안보조약을 체결하고 한국전쟁 이후 자위대를 창설한 것이다. 제2차 세계대전 패전 이후 일본의 대미 안보정책은 요시다 노선에 따른 경제적 지원에 한정하는 등 일본의 소극적 안보 역할을 대표하는 형태로 유지되어 갔다. 하지만 1948년 이후 소련의 원자폭탄 개발, 중국의 공산화에 따라 미국은 일본의 재무장 등 보다 적극적인 안보정책을 요구하면서 재군비를 거부하는 요시다 수상과 충돌하였다. 이러한 가운데 1950년 한국전쟁 발발을 계기로 자위대의 전신인 경찰예비대가 창설되면서 일본의 재군비가 시작되었고, 한국전쟁은 전후 일본의 안보체제가 형성되는 계기가 되었다. 미국은 1951년에

---

2 Michael J. Green and Mike M. Mochizuki, *The U. S.-Japan Security Alliance in the 21st Century: Prospects for Incremental Change*(New York: Council on Foreign Relations, 1998).

3 이노구치 다카시(猪口孝) 역시 다소 시기에서 차이는 있지만, 미일 안보동맹에 기초한 일본의 외교정책 추이를 다섯 단계로 구분한다. Takashi Inoguchi, "Japan as a Global Ordinary Power: Its Current Phase," *Japanese Studies* 28:1(May, 2008), pp. 3-13.

일본과 미일안보조약을, 1953년에 한국과 한미상호방위조약을 체결하였고, 냉전기 공산 세력에 맞서기 위해 동아시아에서 '한미일 삼각안보체제'를 구상했다.[4] 그리고 그 중심에는 대소 봉쇄를 위한 일본과의 안보협력이 담겨 있었다. 한미일 삼각안보체제를 통한 일본의 안보 역할 분담을 위해 미국은 한국과 일본의 국교정상화를 실현시키려 영향력을 행사하였고, 1965년에 한일 양국은 국교정상화를 이루었다.

두 번째 시기는 1970년대 닉슨 독트린(Nixon Doctrine) 발표 이후 미국이 아시아에서 후퇴를 표명하면서 일본에게 안보협력 요구를 했던 시기이다. 1969년 리처드 닉슨(Richard Nixon) 대통령은 아시아 문제는 아시아 국가들이 해결할 것을 주장하면서 주한미군 감축 및 주일미군 기지 조정과 같은 정책 전환을 실시했다. 그러면서 일본에게 미군 철수에 따른 동아시아에 대한 안보 역할 분담을 요구했지만, 일본은 평화헌법을 이유로 군사적 역할 분담을 거부하고 경제 원조를 통한 한정적인 역할에 머물렀다. 1970년대 중반에 들어서면서 베트남의 공산화, 카터(James Earl Carter, Jr.) 정부의 주한미지상군 철수정책, 그리고 소련의 극동군사력 강화로 동아시아 안보환경이 변화함에 따라 미일 간에 새로운 움직임이 나타났다. 즉 제럴드 포드(Gerald Ford) 정부의 대아시아 방위공약 재확인과 함께 '미일 가이드라인' 합의와 같은 미일 간의 동맹 강화 및 '제도화'가 진전되었다.

세 번째 시기는 1980년대 한미일 안보협력체제 형성 시기이다.

---

[4] 박선원은 냉전기 한미일관계는 2개의 공식적인 안보조약과 1개의 암묵적 또는 비공식 방위협력조약으로 이루어진 삼각동맹안보체제(Triangular Alliance Security System, TASS)라는 분석 틀을 제시한다. 박선원, 「냉전기 한미일관계에 대한 체계이론적 분석」, 『한국정치외교사논총』 제23집 1호(2001), pp. 317-320.

1980년대 초반 미국은 소련과 전면 핵전쟁, 대규모 재래식 전쟁, 지역 분쟁으로 나눈 세 가지 안보위협 시나리오를 갖고 있었고, 이것들 모두 소련이 직간접으로 개입하고 있었다. 한편 미국은 아시아 국가들 자체의 집단안보체제 구축에는 반대하면서 기존에 미국이 맺은 쌍무적 군사조약의 유지를 선호했다. 그리고 소련 팽창 및 베트남 공산화의 재현을 억지한다는 측면에서 한국에 대한 전략적 가치를 인정하고 있었다.

신냉전 도래와 함께 이러한 미국의 동북아 안보정책을 기반으로 1981년 1~2월 전두환 대통령의 미국 방문, 1983년 1월 나카소네 야스히로(中曾根康弘) 수상의 한국 및 미국 방문, 11월 로널드 레이건(Ronald Reagan) 대통령의 일본 및 한국 방문, 1984년 9월 전두환 대통령의 일본 방문 등 일련의 정상회담은 한미일 삼각안보체제를 진전시키는 계기가 되었다. 일련의 한미일 3국간의 정상회담 개최는 한미, 미일, 한일 운명공동체를 확인함으로써 한미일 안보체제 구축 및 구체적인 분담까지 논의되었다. 대표적인 예가 한일 간에 40억 달러의 경제협력자금 제공에 합의한 것이다. 또한 1983년 미일 정상회담에서 나카소네 수상은 '미일은 태평양을 사이에 둔 운명공동체'라는 미일동맹 관계를 재확인하고, '4개 해협 봉쇄', '일본 열도 불침항모화'를 주장하면서 미일 간 안보협력 강화 및 역할 분담을 논의하였다.

네 번째 시기는 1990년대 걸프전 시기이다. 1990년 냉전이 끝나고 목표를 잃은 미일동맹은 '표류'하는 관계로 빠져들었다.[5] 냉전 이후 발발한 걸프전에서 미국은 일본의 평화헌법상 제약을 알면서도 걸프

---

5 船橋洋一, 『同盟漂流』(東京: 岩波書店, 1997).

지역에 전개하고 있는 다국적군에 대한 인적 공헌을 요청했는데 그 이유는 일본이 중요한 역할을 담당해서 미국이 의지할 수 있는 동맹국임을 미 의회에 보여 주기를 기대했기 때문이다.[6] 하지만 일본은 평화헌법 체제하에서 자위대 파병과 같은 군사적 활동을 할 수 없었고, 130억 달러를 제공했지만 미국뿐만 아니라 국제사회로부터 긍정적인 평가를 받지 못했다. 이를 계기로 일본 내에서는 국제사회에서 요구하는 분쟁에 대한 인적 공헌의 요청에 대응하기 위한 일본의 국가전략 차원의 역할에 대해 고민하게 되었고, 오자와 이치로의 '보통국가'와 같은 개념이 등장하게 되었다. 또한 1997년에 미일 가이드라인을 개정하면서 북한의 핵·미사일 개발 등을 염두에 둔 주변사태 대응 방안을 마련하였다. 이에 따라 일본의 방위 역할이 예산 면에서 방위비 분담뿐만 아니라 지리적인 면에서도 주변사태로 확대되었다.

다섯 번째는 9·11 테러 이후 미일 간 새로운 차원의 안보협력 시기이다. 9·11 테러 이후 미국의 세계 전략이 바뀌면서 일본도 미국의 요구에 부응하여 특별법의 형태로 아프가니스탄 및 이라크 전쟁의 후방지원, 복구 및 부흥 지원을 위해 자위대를 파견했다. 또한 당시 미국이 추진하던 군사력 변환과 미군 재배치 등의 계획에 호응하면서 2006년에는 미일 간에 오키나와 기지 문제와 미군 재배치 전략의 일환으로 후텐마 미해병대 공군기지 이전에 합의하였다. 즉, 냉전 시기의 대소 봉쇄, 탈냉전 이후 북한 핵·미사일 위협과 부상하는 중국에 대한 대응이 주된 미일동맹의 협력 사항이었다면, 9·11 테러 이후에는 미

---

[6] 信田智人, 「日本から見た日米同盟の費用と効果」, 猪口孝·佐藤洋一郎·G.ジョン.アイケンベリー(編集), 『日米安全保障同盟』(東京: 原書房, 2013), p. 23.

일이 글로벌 차원에서 국제사회에 공헌할 수 있는 분야까지 협력 영역을 확대시켜 나갔다.

2) 미국의 동아시아 전략

미국의 오바마 정부는 '아시아로의 회귀' 전략을 표명하였다. 클린턴 국무장관이 2009년 7월 아세안지역안보포럼(ASEAN Regional Forum, ARF)에 참석해서 동남아시아우호협력조약(Treaty of Amity and Cooperation, TAC)에 서명한 것이 그 출발점이라 할 수 있다. 이때부터 미국의 아시아로의 회귀는 오바마 대통령의 도쿄 연설(2009년 11월), 클린턴 국무장관의 하와이 연설(2010년 1월 12일) 등에서 명확히 표현되었으며, 2011년 포린폴리시(Foreign Policy)에 실린 클린턴의 "Pivot to Asia"에서 구체적으로 공식화되었다.[7] 미국의 아시아로의 회귀는 두 부분으로 구성된다. 하나는 아시아 지역에서의 군사적 재균형(rebalancing)을 목표로 하는 것이며, 다른 하나는 아태지역에서 지역주의(regionalism)의 추구이다.[8]

오바마 정부가 '아시아로의 회귀' 정책으로 전환한 이유는 경제 및 군사 면에서 중국의 부상이라는 현실과 중국이 2010년에 보인 미국의 대만 무기 판매에 대한 과잉 반응, 남중국해 및 센카쿠 열도 영유권 문제에 있어 도발적 자세를 보였기 때문이다.[9] 물론 미국은 중국에 대한

---

7 Hillary Clinton, "America's Pacific Century," *Foreign Policy*(November 2011).

8 최운도, 「민주당 정권의 대미정책」, 진창수·신정화 엮음, 『일본 민주당 정권의 탄생과 붕괴: 대내외정책 분석을 중심으로』(오름, 2014), p. 364.

9 渡部恒雄, 「オバマ政権のアジア回帰政策: 韓国の役割と日本の歴史認識」, 谷内正太郎(編集), 『日本の安全保障と防衛政策』(東京: ウェッジ, 2013), p. 46.

군사적 균형을 통한 리스크 관리가 가능하다면 중국과의 경제협력을 통해 아시아 지역의 번영에 참가하고자 한다. 그러나 중국의 도발과 기회주의에 대한 리스크를 줄이기 위해서는 군사적 대비가 필요하다. 이를 위해서는 기존의 압도적인 미국의 국방력을 유지함과 동시에 새로운 전략적 수요에 대응할 수 있어야 하고, 이는 세계 3위의 경제력을 가진 일본의 군사적 지원과 협력 없이는 실현 불가능하다.

제2기 오바마 정부가 들어서기 직전인 2012년 1월 5일에 미 국방부는 새로운 '국방전략지침(Defense Strategic Guidance, DSG)'을 발표했다.[10] 이 지침에서는 9·11 이후 강조되어 온 대테러전이나 비정규전보다 잠재적 경쟁국과의 정규전에 대비한 미래전력 강화를 강조하고, 미국이 군사력을 집중할 전략적 중심 지역이 아시아·태평양으로 이동했다는 것을 명확히 밝혔다. 이것은 부시 정부의 10년에 걸친 테러와의 전쟁 이후의 국방전략임과 동시에 군사비 대폭 삭감에 대처하기 위한 것이었다. 이후 4월 16일에 오바마 대통령이 미국 연방정부의 시퀘스터(sequester, 예산 자동 삭감 조치)에 서명하고, 연간 약 500억 달러의 국방비 삭감이 실현되었다. 그리고 국방비 대폭 삭감은 오바마 정부의 대중 정책을 '피봇(Pivot, 대중 봉쇄) 전략'에서 '리밸런스(Rebalance, 대중 유화) 전략'으로 전환시켰다.

또한 2014년 5월 4일에 발표한 국방전략(Quadrennial Defense Review, QDR)에서는 중국을 염두에 두고 "지역적 파트너와 행동 규범을 공유

10 Department of Defense, "Sustaining U. S. Global Leadership: Priorities for 21st Century Defense"(January 2012).
http://www.defense.gov/news/Defense_Strategic_Guidance.pdf (검색일: 2016. 2. 10).

한다(shared)"라고 적혀 있다.[11] 이는 미국이 동아시아 지역의 '균형자(balancer)' 역할을 인정한 것으로 볼 수 있다. 헨리 키신저(Henry Kissinger)는 그의 저서 *Diplomacy*에서 2개의 균형자를 소개하고 있다.[12] 하나는 세력균형이 직접 위협받는 경우, 약한 세력에 가담해서 세력균형을 유지하는 '영국형' 균형자이다. 다른 하나는 가능하면 많은 국가와 긴밀한 관계를 형성해서 현상타파국에 대해 균형을 잡는 '비스마르크형' 균형자이다. 현재 오바마 대통령의 외교정책은 일본을 비롯한 동맹국들과 중국에 대응하기 위한 비스마르크형의 균형자로 전환하고 있다.[13]

오바마 대통령은 2015년 2월 발표한 '2015 국가안보전략 보고서(National Security Strategy, NSS)'를 통해 잔여 임기 2년의 정책 방향을 제시했다.[14] '전략적 인내'의 필요성으로 대표되는 NSS 보고서는 미국이 테러나 러시아·중국의 공세와 싸우기 위해 국방비 지출을 늘릴 필요가 없다는 것이 주요 핵심이다. 현재 미국은 리더십 부담을 세계의 다른 나라들과 나누고 싶어한다. 하지만 미국은 중국이나 다른 독재 국가들을 완전히 신뢰하지는 않는다. 유럽은 정치적으로나 경제적으로

---

11 Department of Defense, "Quadrennial Defense Review 2014"(March 4, 2014). http://www.defense.gov/pubs/2014_Quadrennial_Defense_Review.pdf (검색일: 2016. 2. 10).

12 Henry Kissinger, *Diplomacy*(New York: Simon & Schuster, 1994).

13 가와카미 다카시(川上高司) 역시 오바마 정부가 중국의 확장주의에 대해 균형을 잡기 위해 여러 동맹국들과 중국에 대한 '헷지(Hedge) 연합'이라는 '새로운 안보공동체(New Security Architecture)'를 형성하려는 움직임을 보인다고 주장한다. 川上高司, 「『オバマ政権のアジア戦略』: 米軍の対中戦略と日米同盟」, 世界平和研究所(編集), 『日米同盟とは何か』(東京: 中央公論新社, 2011), p. 110.

14 The White House, "The 2015 National Security Strategy"(February 2015). https://www.whitehouse.gov/sites/default/files/docs/2015_national_security_strategy_2.pdf (검색일: 2016. 2. 10).

심각한 문제에 빠져 있다. 그래서 미국–유럽 관계를 중시하는 대서양주의자들조차 미국의 아시아 동맹국들이 글로벌한 맥락에서 점점 더 중요하다는 것을 인정하고 있다.[15] 미국의 파트너로 중요한 나라는 한국, 일본, 호주가 거론될 수 있지만, 가장 중요한 핵심은 미일관계의 강화에 있다. 이러한 가운데 제2기 오바마 정부는 미일호 삼각협력구조를 중시하고 있다. 이미 2012년 11월 미국과 호주의 외무·국방 장관 회담(2+2 회담)에서 미국과 호주가 긴밀히 연계하면서 일본과 방위협력을 심화하고, 미일호 3국에 의한 전략 대화와 미일호 합동군사훈련을 실시할 것에 합의했다.

따라서 오바마 정부가 이른바 '아시아로의 회귀' 전략을 채택하면서 비스마르크형 균형자로 전환하는 데 있어 미국의 대아시아 동맹 정책의 핵심은 '일본'이라고 할 수 있다. 일본을 잃는 것은 태평양 전체가 위험해지는 것을 의미하기 때문에 미국 안보에 매우 치명적이다. 하지만 미국에서는 "일본이 지역 안정에 공헌하기보다는 대립을 부추기고 있다"라는 논조를 보이기 시작했다.[16] 이것은 미국이 '동맹의 딜레마'에 놓여 있는 상황을 여실히 나타내고 있다. '동맹의 딜레마'는 '방기(abandonment)의 두려움'과 '연루(entrapment)의 두려움' 사이에서 국가의 고뇌를 말한다. 현재 미국은 동맹국이 일으키는 분쟁에 '연루'돼서 의도하지 않는 분쟁에 군사력을 사용하는 '두려움'에 놓여 있다고 말할

15 『중앙일보』(2015. 2. 27).

16 Ian Bremmer, "Three Troubled Allies, One Superpower," *The Wall Street Journal*(January 11, 2013).
http://www.wsj.com/articles/SB10001424127887323442804578231870322045866 (검색일: 2016. 2. 10).

수 있다.

미국은 경제적으로 상호의존이 심화하는 중국에 대해 유화정책을 추구하고 싶어하면서도 미일동맹의 신뢰성(credibility) 유지에 노력하지 않으면 안 된다. 그 결과 센카쿠 열도를 둘러싼 중일 간 분쟁에 '연루'되는 것을 두려워하고 있다. 따라서 오바마 정부의 동아시아 정책은 미중 간에 분쟁이 일어나지 않도록 균형을 유지하면서 중일 양국에 정치적 메시지를 보내는 것이다.

3) 일본의 대미 동맹 강화

아베 수상은 2013년 2월 22일, 오바마 대통령과 정상회담을 갖고 '미일동맹의 강화는 일본 외교의 기축'이라는 견해를 밝혔다.[17] 구체적으로는 "강한 일본은 미국의 이익이 되며, 강한 미국은 일본의 이익이 된다"라고 전제한 후, 방위력 증강과 경제활성화에 주력하는 동시에 미일 간 폭넓은 분야의 협력을 강화하겠다는 의지를 나타냈다. 또한 긴밀한 미일동맹의 복원을 위해 일본의 책임을 적극 수행하는 동시에 집단적 자위권 행사 추진, 새로운 미일 가이드라인 책정, 방위계획대강 개정, 후텐마 기지 이전 문제와 같은 주일미군 재편 문제의 조기 해결 등을 위해 노력하겠다는 입장을 밝혔다.

아베 정부는 2013년 12월 17일, 전후 최초로 일본의 '국가안보전

---

17 外務省, 「日米首脳会談(概要)」(2013. 2. 22).
http://www.mofa.go.jp/mofaj/kaidan/s_abe2/vti_1302/us.html (검색일: 2016. 2. 10).

략'[18]을 책정하였고, 민주당 정부 시절인 2010년에 개정된 방위계획대강을 수정하여 '방위계획대강 2014'를 발표하였다.[19] 국가안보전략은 전후 최초로 일본의 중장기 국가안보 목표와 이를 실현하기 위한 국가안보전략을 구체적으로 설정하여 제시하고 있다는 점에서 의미를 갖는다. 이러한 일본의 중장기 방위정책 방향 제시는 평화헌법, 전수방위 원칙 등 이른바 전후 일본의 억제적인 방위정책 기조가 대전환을 맞이하고 있다는 사실을 의미하는 동시에, 냉전 종결 이후 일본 국내에서 제기되어 왔던 일본의 독자적인 국가안보전략 구축 논의가 실체를 드러내기 시작했다는 것을 의미하는 것이다.

국가안보전략을 통해 아베 정부는 중국의 부상과 미국의 영향력 약화에서 기인하는 국제적인 세력균형의 변화에 대한 위기감 속에 적극적이고 공세적인 방위정책 노선을 선택하고 있다. 또한 아베 정부는 '일본의 국가안보 목표'를 설정하면서 그중에 "미일동맹 강화 및 지역 내외의 동반자 국가들과 신뢰 및 협력 관계를 강화하고 실질적인 안보협력을 추진하여 아태지역의 안보환경을 개선하여 일본에 대한 직접적인 위협 발생을 미연에 방지하고 감소시키는 것이다"라고 제시하고 있다.

구체적으로 미일동맹에 대해 '국가안보전략'은 다음과 같은 정책

---

18 首相官邸, 「国家安全保障戦略について(平成25年12月17日)」. http://www.mod.go.jp/j/approach/agenda/guideline/2014/pdf/20131217.pdf (검색일: 2016. 2. 10).

19 防衛省, 「平成26年度以降に係る防衛計画の大綱について(平成25年12月17日)」. http://www.mod.go.jp/j/approach/agenda/guideline/2014/pdf/20131217.pdf (검색일: 2016. 2. 10).

방침이 명시되어 있다.[20] 첫째, 미일동맹의 억지력 및 대처 능력을 강화해 나간다는 방침이다. 미국과 방위협력 기조 및 미일 간 역할·임무·능력에 대한 상호 간 논의를 통해 '미일 가이드라인'을 개정하는 한편, 서태평양 지역에서 미일 양국의 관여를 확대하여 무력 사태에 이르지 않은 이른바 '그레이존' 사태에 대한 공동 대응 등 평시부터 각종 사태 발생 시의 대응까지 모든 상황에 대처 가능한 협력 태세를 구축해 나간다는 방침이다.

둘째, 다양한 분야에서 미일 간 방위협력을 적극 추진해 나간다는 방침이 명시되어 있다. 해적 대처, 역량강화사업, 인도적 지원·재해구조, 평화유지와 테러 대책 등에 관한 협력을 비롯해 해양·우주·사이버 분야에 관한 협력 등이 이에 해당한다. 또한 상호운용성 향상 등 미일동맹의 기반을 강화하기 위해 장비·기술 및 인적 교류 등 각 분야의 협력을 적극 추진해 나간다는 계획이 제시되어 있다.

셋째, 주일미군의 안정적인 주둔 여건을 확보하기 위해 적극적으로 대처해 나간다는 방침이다. 아베 정부는 미일 안보체제를 유지 및 강화하기 위해 오키나와 현 등 지방의 기지 부담 경감이라는 측면을 고려하면서도 미군이 아태지역에서 적절한 병력 태세를 유지할 수 있도록 일본이 적극 협력해 나가야 한다고 본다. 이러한 인식에서 주일미군의 주둔 경비 부담 등에 관한 다양한 시책을 통해 주일미군의 원활하고 효과적인 주둔을 지원하는 한편, 오키나와 주둔 미 해병대의 괌 이전 추진을 비롯해 주일미군 재편을 적극 지원해 나간다는 계획이다.

현재 일본은 '글로벌' 분야에서 자위대 역할을 크게 확대하면서 미

20 首相官邸,「国家安全保障戦略について(平成25年12月17日)」.

일 안보협력을 심화시키고 있다. 그렇지만 '지역'적인 분야, 특히 급변하는 동아시아 정세를 감안한다면 일본의 방위 및 주변사태에 대응하기 위해 일본은 '지역'적인 분야에 집중적으로 대처하는 선택이 합리적일 것이다. 또한 세계적인 경제력을 가진 일본의 입장을 감안하면 '글로벌' 분야에 대해서 전혀 책임을 지지 않을 수 없는 입장이다. 현재 미국의 '글로벌' 분야에 대한 요청이 높아지는 가운데 글로벌 분야와 지역 분야에 공통으로 필요한 기능이 존재한다. 예를 들어 도서 방위를 위한 부대를 신속하게 전개하기 위한 해상 및 항공 운송 능력은 국제적인 재해구조 활동을 위해 부대를 파견하기 위한 능력과 본질적으로 같다.

이와 같이 일본의 대미 동맹 강화는 두 가지 차원, 즉 '글로벌'과 '지역'이라는 차원에서 이루어지고 있다. 이러한 두 가지 차원은 사실 냉전 붕괴 이후 미일동맹에서 일본 방위력의 역할이 목표로 한 것이기도 하다. 때로는 '글로벌' 차원이, 때로는 '지역' 차원이 중시되어 왔다. 두 가지 모두 중요하다는 것은 확실하지만, 일본의 어려운 재정 상황에서는 철저한 '효율과 합리성'을 가지고 실시될 필요가 있다.

3. 미일 안보협력의 구체화와 한미동맹

1) 미일 안보체제의 의의

원래 미일동맹을 바탕으로 하는 미일 안보체제는 일본의 평화헌법과 양립할 수 없는 존재였다. 여기에는 냉전이 본격화되기 이전에 맥아더 사령부에 의해 만들어진 평화헌법과 이후 냉전의 격화 속에 맥아더 사령부의 역코스 정책 및 한국전쟁 발발에 따라 자위대가 창설되고 미일안보조약이 맺어졌다는 점에서 미일 안보체제와 평화헌법은 역사적으로 다른 배경에서 탄생했던 것이다. 특히 이러한 모순을 해결하기 위해서는 평화헌법을 개정하거나 미일 안보체제 협력의 구체화가 요구되었다.

냉전 기간 동안 평화헌법은 미국의 압력에도 불구하고 개정 없이 '해석개헌'이라는 수단을 통해 미일 안보체제와 양립하는 방향으로 진행되었다. 미일 안보체제는 냉전 이후에 유엔 평화유지군 활동 참여 등 더욱 적극적으로 미국에 협력하는 형태로 진행되었고, 2014년에는 집단적 자위권 용인까지 진행되었다.

한편 미일 안보체제는 전후 비군사화에 따라 군사력을 갖지 못하는 일본이 냉전이 진전되고 유엔의 집단안보시스템이 기대만큼 기능하지 못하는 가운데 샌프란시스코 강화조약 후의 안보를 미국의 군사력에 의존하는 것을 의미했다. 강화조약에서 '일본의 시설(기지)'과 '미국의 군대' 사이에 '계속적 협력'이 정해졌다. 이를 통해 미군이 강화 이후에도 계속해서 일본에 주둔하고, 일본의 기지를 이용해서 극동과 일본의 안전에 기여하는 것을 가능하게 했다.

이와 같은 '물건(物: 기지)과 사람(人: 미군)의 협력'을 기반으로 하는 미일 안보체제는 '사람(人: 미군)과 사람(人: 자위대)의 협력'이라는 형태로 발전하고 있다. 원래 '사람과 사람의 협력'은 1970년대부터 제기되어 왔는데 원래 의미는 일본의 영토 및 일본 기지에 주둔하는 미군을 미일 양국이 공동으로 방위하는 것, 구체적으로는 자위대와 미군의 협력을 의미하는 것이다. 일본을 미일이 공동으로 방위한다면 일본은 미국과 집단적 자위의 관계에 서게 된다. 이런 관계이기 때문에 일본은 미군이 일본에 주둔하는 것에 동의한다가 성립된다. 또한 이것은 미일 양국이 '평등한 파트너'로 상호 간의 안전에 협력하는 관계를 만들어 나가겠다는 일본 정부의 고심(苦心)이 표현된 것이다.[21]

특히 냉전 종결 이후 미국과 일본이 대처해야 하는 위협은 과거 공산 세력에 의한 전면 전쟁이 아닌 지역 분쟁이나 테러, 대량살상무기 확산 등으로 변하였고, '사람과 사람의 협력'에 대한 새로운 이해가 필요했다. 이미 미국은 걸프전에서 일본이 130억 달러의 자금을 지원했음에도 불구하고, '물건과 사람의 협력'에 대한 불만을 나타냈다. 또한 1990년대 북한의 핵개발 의혹에도 미국은 자위력을 갖지 못한 일본과 집단적 자위의 관계에 들어갈 수 없었다.

아베 정부가 들어서면서 일본은 '사람과 사람의 협력'의 이론적 기반인 집단적 자위권에 관해서 지금까지 일본 정부의 입장인 "갖고 있지만, 사용할 수 없다"라는 애매한 태도를 변경하려고 했다. 현재 국제사회에서는 국가의 평화, 안전 및 독립을 보장하기 위해 핵무기 사용을 비롯한 다양한 형태의 침략으로부터 군사력에 의한 위협에 이르기까지 모든 사태에 대응할 수 있는 확고한 방위 태세 구축이 필요하다. 하지만 미국조차 스스로 자국의 안전을 확보하기 어려운 상황에 있다. 게다가 일본이 독자적으로 위와 같은 방위 태세를 유지하는 것은 인구, 국토, 경제적 관점에서 쉽지 않다.

따라서 일본은 민주주의, 법치, 인권 존중, 자본주의 경제와 같은 기본적 가치와 세계 평화와 안전 유지에 대한 관심을 공유하고 경제

21 坂元一哉,『日米同盟の難問』(東京: PHP研究所, 2012), pp. 170–173.

면에서도 깊은 협력 관계를 갖고, 또한 막강한 군사력을 가진 미국과의 안보체제를 기조로 일본의 평화와 안전을 확보해 왔다. 구체적으로는 미일안보조약 제6조에 따라 주일미군에 일본의 시설·구역을 제공하며, 동 조약 제5조에서 일본에 대한 무력공격이 있을 경우 미일 양국이 공동으로 대처한다고 규정되어 있다. 이와 같이 일본은 미국의 군사력에 의한 억지력을 일본 안보를 위해 효과적으로 작동시킴으로써 스스로 적절한 방위력 유지와 함께 빈틈없는 태세를 구축하고 일본의 평화와 안전을 확보해 나가려고 했다.

또한 미일 안보체제는 군사적 방어뿐만 아니라 정치, 경제, 사회 등 다양한 분야에서 미일의 포괄적이고 종합적인 우호 협력 관계의 기초가 된다. 미일 안보체제를 핵심으로 하는 미일동맹은 일본 외교의 기축이며, 다자간 안보에 관한 대화·협력의 추진과 유엔의 여러 활동에 대한 협력 등 국제사회의 평화와 안정에 일본의 적극적인 대처에 도움이 된다.

이러한 미일 안보체제는 한미동맹과 선순환 구조를 갖는다. 미국은 동아시아에서 가장 현안이 되고 있는 북한의 핵·미사일 개발 위협에 대응하기 위해 한미동맹을 주축으로 삼고 있다. 또한 미국은 한국과 해외 활동의 파트너십을 한층 발전시키기 위해 노력하고 있으며 이것은 한국의 이익에도 부합한다.

현재 국제사회의 안보 과제로서 대량살상무기와 탄도미사일의 확산, 국제 테러, 해적행위 등에 대한 대응이 존재하며 해양·우주·사이버 공간의 안정적인 이용에 대한 위협이 새로운 도전으로 등장하고 있다. 이러한 글로벌 과제에 미국, 일본, 한국 등 개별 국가가 혼자 대응하는 것은 어려우며 관련 국가들과 평소부터 협력하는 것이 중요하다.

이런 의미에서 미일동맹, 한미동맹을 포함하는 한미일의 긴밀한 협력관계는 이러한 도전에 효과적으로 대응해 나가는 데 중요한 역할을 한다.[22]

2) 미일 가이드라인 개정과 한미동맹

한미동맹과 달리 미일동맹은 '연합'과 '합동'의 요소가 결여되어 있다. 수십 년 동안 일본 정부는 만일의 사태가 발생했을 때 일본 주둔 미군을 지원해야 할 어떤 의무도 떠맡지 않기 위해 모든 수단을 동원했다. 그러다가 1978년 일본 정부는 소련의 침공에 대비한다는 명목에서 양국의 군사협력을 규정한 지침(미일 가이드라인)을 작성했다. 즉, 국제 정세와 일본의 방위정책을 고려하여 미국과 일본은 최초로 안보협력 가이드라인을 제시한 것이다. 가이드라인은 일본 유사시 미일동맹의 작동 방식에 대해 구체적으로 명시한 것이지만, 당시의 가이드라인은 일본이 공격당하는 경우만을 상정했다.

1차 북핵 위기 이후인 1997년에 미일 양국은 가이드라인 개정에 합의했다. 지침의 대상은 "일본 안보에 직접적으로 영향을 미치는 일본을 둘러싼 지역의 사태"가 됐다.[23] 또한 평상시, 일본 유사시, 일본이 위험해질 수 있는 주변사태 발생 시 등 세 가지 경우로 미군과 자위대의 협력을 한정했다. 미국 정부는 특히 한반도에서 긴급 사태가 발생

---

22 防衛省, 『日本の防衛: 防衛白書〈平成27年版〉』(東京: 日経印刷, 2015), pp. 172-173.

23 福田毅, 「日米防衛協力における3つの転機: 1978年ガイドラインから『日米同盟の変革』までの道程」, 『レファレンス』 56:7(2006. 7), p. 169.

했을 때 일본이 어떻게 미국의 대응을 지원할 것인지 계획이 필요하다고 판단했다.

2010년 9월, 센카쿠 열도에서 중국과 분쟁 상황이 발생한 이후, 일본 정부는 중국 위협에 대처하는 차원에서 여러 가지 미일동맹 강화 정책을 추진했다. 민주당 정부의 노다 수상은 2012년 5월 1일, 오바마 대통령과 정상회담을 갖고 미일 양국이 상호 역할과 책임을 다해 미일동맹을 더욱 심화, 발전시켜 나가기로 합의하였다. 그 직전에 열린 미일 안전보장협의위원회 회의(이하, 2+2 회의)에서는 미일 양국이 오키나와의 미 해병대를 포함한 주일미군의 억지력과 대응 능력을 계속해서 유지하기로 하였다. 이에 따라 2006년에 합의된 주일미군의 재편 계획을 조정하기로 결정하였다.

또한 2+2 회의에서는 미일 군사협력에도 '동적 방위력(動的 防衛力)' 개념을 적용한 '동적 방위협력'을 추진하기로 합의하였다. 미일 간 '동적 방위협력'을 강화하기 위해 미일은 공동훈련, 공동 경계 감시 및 정찰 활동, 시설의 공동 사용 등에 합의했다. 그리고 8월에 개최된 미일 국방장관회담에서 양국은 '동적 방위협력'에 대한 검토 작업을 가속시키기로 합의하였다. 구체적으로는 괌 주변에서 미일 공동훈련을 확대하고, 괌 등 지역 시설을 공동으로 사용하는 방안, 무인정찰기를 이용하여 공동 경계 감시 활동을 실시하는 방안에 대해 검토하는 것이었다. 무엇보다 미일은 변화하는 동아시아의 안보환경에 대응하여 지역 안보를 확고히 하기 위해 역할, 임무, 능력에 관한 미일 간 협의를 실시할 필요성에 대해 인식을 같이 하고, 새로운 가이드라인에 대해 검토 작업을 추진하기로 하였다.[24]

아베 정부는 2012년 중의원 선거에서 미일동맹 강화를 비롯한 헌법 개정, 집단적 자위권 행사 등을 포함하는 일본의 '보통국가' 실현을 목표로 한 안보정책 방침을 표명했다. 아베 수상은 긴밀한 미일동맹의 복원을 위해 일본의 책임을 적극 수행한다는 입장 표명과 함께 집단적 자위권 행사 추진, 새로운 미일 가이드라인 책정, 방위계획대강 개정, 주일미군 재편(후텐마 기지 이전 문제 등) 문제의 조기 해결 등을 위해 노력하겠다는 입장을 밝혔다.

1990년대 이후 일본 정부는 자국의 자체적인 방위력 증강, 미일동맹 강화 등을 북한 위협에 대한 대처라는 관점에서 설명해 왔다. 하지만 2010년 센카쿠 열도의 갈등 상황 이후 중국이 강압적인 대외정책과 함께 공세적인 군사 행보를 보이면서 일본 정부의 위협 인식은 북한의 핵·미사일 문제에서 중국의 군사력 증강으로 옮겨 가는 추세를 보이고 있다. 이러한 관점에서 아베 정부가 새로운 미일 가이드라인 개정을 추진한 것은 중국의 군사력 증강에 대한 미일 양국의 대처 방안을 공통의 전략 목표로 설정한 것이라고 볼 수 있다. 또한 새로운 미일 가이드라인은 아베 정부가 추진한 집단적 자위권 행사 문제와 밀접하게 연계된 형태로 개정이 진행되었다.

미국과 일본의 외교·국방 장관이 참여하는 미일 2+2 회의는 2013년 10월 3일에 '보다 강력한 동맹과 더 큰 책임의 공유를 향해'라는 제목으로 공동 발표를 했다.[25] 미일 2+2 회의는 변화하는 지역 및

---

24 김두승, 「아베정권의 미일동맹정책과 한국의 안보: 미일 가이드라인을 중심으로」, 『한일군사문화연구』 16권(2013), pp. 28-29.

25 防衛省, 「日米安全保障協議委員会 (「2+2」) 共同発表」(2013. 10. 3). http://www.mod.go.jp/j/approach/anpo/kyougi/js20131003_gaiyou.html (검색일: 2016. 2. 10).

세계 안보환경이 미치는 영향을 인식하고, 방위협력소위원회(SDC)에 분쟁을 억제하고 평화와 안전을 증진시키는 데 미일동맹이 계속 중요한 역할을 하도록 보장하기 위해 1997년에 책정된 '가이드라인'의 변경에 관한 권고를 작성하도록 지시했다.

미국과 일본은 냉엄한 안보환경에서 자위대와 미군의 역할 분담 등을 검토하고 한층 더 제휴 및 강화를 도모함으로써 미일동맹의 억지력 및 대처 능력을 강화해 나가는 것에 인식이 일치했다. 이에 따라 미일 가이드라인의 재검토 작업이 진행되었다. 그리고 2014년 10월 8일 당시까지 이뤄진 작업을 요약하여 '미일 방위협력을 위한 지침의 재검토에 관한 중간보고'를 공표했다.[26] 특히 중간보고서에는 일본 정부의 집단적 자위권 행사 시 양국 간 협력 방안에 관한 내용 등이 담겼다.

2015년 4월 27일 미일 양국은 뉴욕에서 열린 미일 2+2 회의를 통해 미일 가이드라인을 개정했다. 미일 양국은 공동성명에서 "새 가이드라인은 (중략) '(세계) 어느 곳에서나' 국제안보에 더 큰 기여를 하도록 만들 것"이라고 밝혔다.[27] 지금까지 동아시아와 중동에 한정됐던 미국에 대한 일본의 군사 지원이 세계 전역으로 확대된 것이다. 즉 '주변사태'라는 지역적 제약이 사라지고 '중요영향사태'라는 이름 아래 세계 어디에서든 미군과 타국 군대를 후방지원할 수 있게 되었다. 따라서 새로운 가이드라인은 중국의 부상에 대응한다는 점 이외에도 미일동맹을

---

26 防衛省, 「日米防衛協力のための指針の見直しに関する中間報告」(2014. 10. 8). http://www.mod.go.jp/j/approach/anpo/kyougi/js20131003_gaiyou.html (검색일: 2016. 2. 10).

27 防衛省, 「日米防衛協力のための指針」(2015. 4. 27). http://www.mod.go.jp/j/approach/anpo/shishin/shishin_20150427j.html (검색일: 2016. 2. 10).

글로벌 동맹으로 격상시켰다는 의미를 갖는다.

또한 양국은 평시에도 활용할 수 있는 '동맹 조정 메커니즘'을 설치하기로 하면서 자위대와 미군의 연락 조정이 한층 긴밀화되었다. 미일 양국은 일본 방위성 중앙지휘소에 미군이, 주일미군 요코타(横田) 기지에 자위대가 각각 연락원을 파견해 '미일 공동조정소'를 설치할 예정이다. 이것은 미일동맹이 한미 연합사령부를 유지하고 있는 한미동맹만큼이나 일체화된 동맹으로 가기 위한 중요한 의미를 가진다.

미일 양국은 센카쿠 열도를 둘러싼 중국과의 충돌 가능성도 대비했다. 일본은 자위대의 도서 방위를 명기했고, 섬을 수호하기 위한 작전을 주체적으로 실시할 수 있고 미군은 자위대를 지원한다. 또한 미국이 세계적으로 관여한 국제분쟁에 대해 자위대가 평화유지활동, 인도적 지원, 재해구호, 해양안전보장, 해적 퇴치, 기뢰 제거, 대량살상무기 확산 차단, 대테러 활동 등의 후방지원을 할 수 있도록 했다.

또한 일본 정부는 글로벌 차원에서 우주개발 및 사이버 공격과 같은 안보적 이슈를 중심으로 미국과의 협력을 강화하고 있다. 단, 이러한 글로벌 차원의 미일 협력은 안보를 중심으로 하고 있지만, 우주개발 및 이용의 사례에서 보듯이 전 지구적 환경, 자원 문제와 같은 평화적 이용을 위한 차원에서도 논의가 활발히 진행되고 있다.

그렇지만 새로운 미일 가이드라인은 무엇보다 한반도 평화와 안보에 대한 북한의 위협에 대처하기 위한 한미동맹과 밀접한 연관을 가진다. 특히 2016년 1월 이후 북한 핵실험 및 탄도미사일 발사 대응에 있어 미일은 신가이드라인에 따라 북한 핵실험 및 미사일 발사 징후를 파악하고 신속한 협의가 가능해졌다고 평가한다. 그리고 이러한 미일 협력은 굳건한 한미동맹의 공조체제와 함께 북한 위협에 대처하기 위한 한미일 안보협력의 틀을 강화시키고 있다.

하지만 미일동맹과 한미동맹이 선순환 구조로 가기 위해서는 여러 한계가 존재한다. 먼저 미일 가이드라인은 기후변화, 환경, 에너지, 감염증, 테러, 사이버안보 등 글로벌 차원 및 비전통적 안보 분야에서 확대된 동맹 관계를 지향하고 있다. 하지만 이러한 미일동맹의 제도화 및 강화 움직임과 비교해서 아직 한미동맹 차원에서는 글로벌 및 비전통적 안보 분야에서 협력의 제도화가 그다지 진전되지 않고 있다. 향후 한미일 간에 확대된 안보협력을 위해서는 글로벌 및 비전통적 안보 차원에서 미일동맹의 제도화에 상응하는 한미동맹의 제도화가 마련되어야 한다.

또한 가이드라인 내용 중에 무엇보다 한국과 관련해서 가장 관심을 모았던 조항은 'D. 일본 이외의 국가에 대한 무력공격에 대한 대처 행동'이라는 '제삼국 주권 존중'에 관한 내용이다. 동 조항에 따르면 "미일 양국은 각각 미국 또는 제삼국에 대한 무력공격에 대처하기 위해 <u>주권의 충분한 존중</u>을 포함한 국제법 및 각자의 헌법 및 국내법에 따라 무력행사를 따른 행동을 취해 나갈 수 있다(밑줄 필자 표기)"라고 적시되어 있다.

새로운 가이드라인에 대해 한국 정부는 "그간 우리 정부가 한반도 안보 및 우리 국익과 관련해 요구해 온 바를 반영, 미일동맹의 기본 틀 범위 내에서 이행, 일본의 헌법과 전수방위 원칙 견지, 특히 일본의 집단적 자위권 행사에 있어 제삼국의 주권에 대한 완전한 존중을 명확히 한 것을 주목한다"고 밝혔다. 미국 국방부 고위 당국자 역시 새로운 가이드라인이 2015년 4월 17일 한미일 3국이 '3자 안보토의(Defense Trilateral Talks, DTT)' 직후 발표한 "제삼국의 주권을 존중하는 것을 포함해 국제법을 준수하는 방향으로 추진돼야 한다는 데 동의했다"고 밝힌 맥락과 같다고 설명했다. 하지만 '제삼국 주권 존중' 내용 중에 '충분한'이라는 주관적 표현이 들어 있다는 점, 일본 정부의 북한 지역에 대한 개입 가능성에 대한 불분명한 입장 등은 향후 논란의 여지로 남아 있다.

3) 집단적 자위권 행사 용인, 안보법제와 한미동맹

미국은 2013년 10월 3일 2+2 회의에서 미일 가이드라인 개정에 합의하고, 일본의 집단적 자위권 행사 추진에 대해 지지를 선언했다. '아시아 재균형 전략'으로 중국을 견제하려는 미국은 일본의 집단적 자위권을 공개적으로 지지하면서 미일동맹 강화 움직임을 명확하게 나타냈다. 2014년 4월 일본을 방문한 오바마 대통령은 "센카쿠 열도가 미일안보조약의 범위에 포함된다"고 말했다.

2014년 7월 1일 아베 수상이 집단적 자위권 행사를 용인하는 헌법 제9조 해석 변경의 각의 결정을 한 후에 미국 정부는 즉시 환영의 뜻을 표했다. 헤이글(Chuck Hagel) 국방장관은 "일본이 지역과 세계 평화와 안정에 더욱 공헌해 나가는 데 중요한 첫걸음이 된 결정이다"라는 성명을 발표했다. 또한 10월 8일에는 미일 가이드라인 중간보고서가 발표되었는데 일본 정부의 집단적 자위권 행사 시 양국 간 협력 방안에 관한 내용 등이 담겼다.

일본의 집단적 자위권 행사 추진에 대한 미국의 환영에 대해 일본은 이전부터 수직 이착륙이 가능한 전투기형 헬리콥터 오스프레이를 대량 구입하기로 했고, 국가안전보장회의 설치, 국가기밀 누설자를 통제 및 처벌할 수 있는 특정비밀보호법안 통과, 무기수출금지 3원칙의 대폭적인 수정 등 집단적 자위권 정착화를 위한 준비를 하나하나씩 착수해 왔다.

이처럼 미일동맹 강화 속에 일본의 집단적 자위권 행사 추진에 대한 미국의 환영은 결국 미국이 동북아에 대한 확고한 개입 의지를 드러내고 있는 것이다. 다만 미국이 재정위기로 여력이 없기 때문에 일본을 이용하려는 것이다. 즉 제한된 범위에서 일본의 군사행동을 지원하겠다는 것이다. 이것은 미국의 전통적인 아시아 관리 방식일 수도 있다. 이러한 측면에서 일본의 집단적 자위권 허용을 통한 미일동맹 강화는 미국의 세계적 전략 혹은 동아시아 전략에서 일본이 보다 더 '종속'되는 것으로 보는 시각이 존재한다.

따라서 아베 정부가 '전략적 사고' 없이 미국에 종속되는 결과를 낳는 집단적 자위권을 허용했는지에 대한 의문이 남는다. 아베의 기본적 사고는 '전후 체제 탈각'과 그의 저서『아름다운 일본』으로 대표되는 과거의 영광스러운 일본을 되찾는 것이다.[28] 그리고 아베의 외할아버지인 기시 노부스케(岸信介)의 영향을 많이 받았다는 측면에서, 1960년 미일안보조약 개정을 통해 미일동맹의 '대등성'을 주장했던 기시의 노선에 가깝다고 봐야 한다. 따라서 아베는 보다 장기적인 시각에서 미일동맹의 대등성을 추구하는 가운데 집단적 자위권 허용을 위해 노력했다고 볼 수 있다.[29]

---

28 安倍晋三,『美しい国へ』(東京: 文藝春秋, 2006).

29 아베 정부의 안보정책에 대해서는 국내외적으로 많은 비판을 받고 있으며, 특히 아베 수상 개인의 보수우익적 역사 인식을 지적하며 '수정주의적 보통국가'로 분석하는 경우도 있다. 문은석,「아베 정권의 우경화와 동북아 안보 향배: 집단적 자위권 추진과 대응방향을 중심으로」,『일본문화연구』 50권(2014), pp. 85-103. 하지만 아베 정부의 안보정책과 아베 수상 개인의 역사수정주의 역사관은 분리해서

아베 수상에게 보수적 국가관을 제언하는 인물이자 '집단적 자위권'에 대한 이론가인 오카자키 히사히코 전 태국 대사는 평소 '전략적 사고'의 중요성을 강조했다. 그리고 아베에게 '전략적 사고'란 "일본이 자신의 의사에 관계없이 전쟁에 직면할 수밖에 없는 경우를 생각해 둔다"라고 정의했다.[30] 오카자키가 집단적 자위권의 필요성을 절감한 것은 방위청 시절이었다. 미 해군 사령관과 이야기하다가 페르시아만에서 동아시아에 이르는 '시 레인(sea lane)'을 지키는 미국 제7함대의 가혹한 임무를 알게 되었다. 지나는 배의 대부분이 일본에 석유를 실어 나르는 유조선이라고 하는데 해상자위대가 순찰에 참여할 수 없는 불합리가 지적되었다. 그 이후 오카자키는 미일동맹을 더욱 공고히 하기 위해 집단적 자위권 행사를 허용하도록 호소해 왔다. 아베 수상은 외교 스승인 오카자키의 전략적 사고에 기반한 전략적 외교 및 안보적 전략에 기반한 집단적 자위권 행사 허용을 추진했다.

아베 정부는 2014년 7월 1일 각의 결정을 통해 그동안 유엔 평화유지활동에서 후방지원에 그쳤던 일본의 역할을 군사적 참여가 가능하도록 변경했다. 앞으로는 일본이 세계 도처의 분쟁에 군사 개입을 할 수 있게 된 것이다. 각의 결정 발표를 위한 기자회견에서 아베 수상은 재외 일본인[在外邦人]을 구출 중인 미군에 대한 방위를 예로 들며 이 경우에 자위대원이 미군을 지킬 수 있도록 할 것이라고 밝혔다.[31] 그리고

집단적 자위권 통과 문제를 분석할 필요가 있다.

30 岡崎久彦, 『戦略的思考とは何か』(東京: 中央公論新社, 1983).

31 도요시타(豊下)는 한반도 유사시 미군이 재한 일본인을 구출하는 것도 함선으로 피난시키는 것도 절대로 있을 수 없는 시나리오라고 비판하면서 한일 양국의 우호관계 구축이 필수 과제라고 지적한다. 豊下楢彦·古関彰一, 『集団的自衛権と安全保障』(東京: 岩波書店, 2014), p. ii(서문).

전쟁에 참여하여 같이 전투행위를 하거나 해외 파병은 없을 것이라고 선을 그으면서도, 자위대를 통한 국제 공헌의 의지 또한 명확히 밝혔다.

집단적 자위권 용인에 관한 각의 결정의 내용을 정리하면 다음과 같다. 첫째, 일본 안보에 직접적인 관련이 있다는 전제하에, 미일동맹의 행동 내용이 대폭 확대되었다. 특히 각의 결정 기자회견에서 밝혔듯, 공해상이라고 하더라도 자국민 보호를 위해 공동으로 무력대응을 할 것이며, 이는 한반도 유사시에 대한 적극적 개입 의지를 나타낸 것이라고 할 수 있다. 둘째, '적극적 평화주의의 실현'이라는 목표 아래, 자위대를 통한 국제 공헌의 범위 및 지원 내용이 확대된다는 것이다. 특히 기존 안보정책의 변화가 주로 미일동맹의 관점에서 접근하였던 점과 달리, 이번에는 미국뿐 아니라 유엔 안보리 결의를 근거로 활동하고 있는 타국 군대에 대한 후방지원도 시야에 넣을 것이라고 밝히고 있다.[32]

하지만 실질적으로는 아베가 추진한 집단적 자위권은 그동안 일본이 주장했던 '국제 공헌론'을 약화시킬 가능성이 있다. 사실 유엔을 통한 국제사회에 대한 기여가 국제 공헌론의 핵심이었다. 1990년대 탈냉전 이후 걸프전을 통해 일본의 군사적 무력함을 인식한 오자와는 그의 저서 『일본개조계획』을 통해 '보통국가론'을 주장했다.[33] 오자와는

---

32 김승현, 「아베정권의 안보정책 변화와 의의: 평화안전법제 논의를 사례로」, 『한일군사문화연구』 20권(2015), pp. 115-118. 하지만 도요시타는 아베 수상의 사적 자문기관인 '안전보장의 법적 기반의 재구축에 관한 간담회'의 보고서에서조차 유엔의 집단안보와 관련 있는 1990년대 걸프전에 대한 총괄이 없음을 지적하고, 이러한 총괄 없이 과연 유엔의 집단안보에 대해 논의를 할 수 있는가라고 비판한다. 豊下楢彦 · 古関彰一, 『集団的自衛権と安全保障』(2014), p. 32.

33 小沢一郎, 『日本改造計画』(東京: 講談社, 1993).

미일관계보다는 유엔을 통해 국제무대에 진출하고, 일본의 경제력에 맞게 군사적 책임을 다하자는 것이 핵심이었다. 예를 들어 분쟁 지역에서 유엔 평화유지활동을 하면서 유엔이라는 글로벌 집단동맹을 통한 무력 증강이 목적이었다.

하지만 아베의 집단적 자위권은 국제 공헌을 통한 세계 진출이라기보다는 미국에 공헌하면서 일본의 이익을 확대하자는 것이다. 즉 일본이 능동적인 군사 작전을 펼칠 수 있는 주체적인 안보 노선인 것이다. 그 대표적인 사례로 아베 측근들이 간혹 주장하는 '적기지 선제공격론', 즉 미사일을 발사하려는 북한에 대한 예방적 차원의 공격을 들 수 있다.

또한, '그레이존'에서 발생하는 사태에 대해서도 경찰력이 아닌 자위대를 동원할 수 있도록 해 중국과 분쟁이 되고 있는 센카쿠 열도 문제가 무력 충돌로 발전할 가능성이 높아졌다. 사실 아베 정부는 '국가안보전략'에서도 밝혔듯이 국제적인 세력균형의 변화에 따라 발생하는 문제와 갈등 이외에도 영토 등 주권 문제를 둘러싸고 평시도 전시도 아닌 '그레이존' 사태가 발생하기 쉽고, 이것이 궁극적으로는 중대한 사태로 발전할 수 있다고 분석하고 있다. 아베 정부는 집단적 자위권 행사 문제에서 그레이존 사태를 "상대로부터 무력공격에 이르기 전에 치안 및 경비만으로는 대응하기 어려운 위협이어서 자위대가 무력으로 대항해야 하는지 판단이 필요한 상황"으로 정의한다. 그리고 그레이존 사태의 대표적인 사례로, 어민으로 위장한 무장 집단이 일본의 낙도(落島)에 상륙하는 경우를 상정한다. 중일 영토분쟁 지역인 센카쿠 열도 방위를 앞세워 직접 공격당할 경우에만 방위 차원에서 반격할 수 있는 평화헌법의 전수방위 원칙을 깨겠다는 주장이다. 사실 일본은 현행 헌법의 전수방위 원칙에 따라 공격이 아닌 무장세력 침입 등에 대해서는 경찰력으로 대응하고 있다.

2015년 9월, 일본의 집단적 자위권 행사 허용과 관련된 법률안(이하, 안보법제)들이 참의원을 통과하면서 자위대는 동아시아에서 역할 확대가 가능해졌다. 물론 현행 헌법 아래 자위대는 기본적으로는 방어적 자세를 가져야 하지만, 한반도에서 북한에 대한 작전을 전개하는 미군에게 해상 지원(보급 물자의 반입, 급유, 병력 수송, 정보 제공 등)을 할 수 있다. 또한 해공군력의 비약적인 증강 속에 강압적 외교를 추진하는 중국을 미군과 함께 견제하는 것도 쉬워진다.

2016년 3월 29일 집단적 자위권 행사 등을 포함하는 안보법제가 시행되면서 아베 수상은 "북한의 탄도미사일 발사 때에도 미일은 정보 공유 면에서 긴밀한 협력이 진행되었다. 법(안보법제)의 정비에 의해 (미일)동맹이 강화되었다"고 말하면서 안보법제 시행의 의의를 강조했다.[34] 안보법제의 성립 및 시행은 아베 정부가 미일동맹을 적극적으로 강화한 것이며, 민주당 정부의 대미 관계 실패에 대한 반동이라고 파악할 수 있다. 안보법제를 통해 일본은 해상에서의 미일 협력 강화와 미국 이외의 외국 군대에 대한 지원 확대, 제한적이라고는 하나 집단적 자위권 행사 등 미국의 요구에 착실히 대응하고자 하였다. 결과적으로 일본은 미일동맹을 통해 '적극적 평화주의'를 실현하기 위해 계속 노력할 것이다.[35] 또한 미일 간에 '사람과 사람의 협력'의 동맹 형성을 통해 미일동맹을 보다 대등하게 할 수 있다.

---

34 『朝日新聞』(2016. 3. 29).

35 김승현, 「아베정권의 안보정책 변화와 의의: 평화안전법제 논의를 사례로」, p. 127.

안보법제 정비를 통해 일본의 군사적 역할은 증대되고 있지만, 미일안보조약의 틀 안에서 실시되고 있다. 또한 북한의 위협에 대한 한미동맹의 대응이라는 차원에서 안보법제를 통한 미일 안보체제의 강화는 대북 안보체제의 강화로 이어질 가능성이 높다. 물론 미일동맹 강화 및 일본의 군사적 역할 증대가 중국에 불안감을 주고 남중국해를 둘러싼 미중 갈등에 일본이 개입하는 경우 한국의 안보에도 영향을 끼칠 수 있다.

4. 맺음말: 한국의 안보전략

일본은 패전 이후 동아시아의 서로 다른 정세 속에서 탄생한 '평화헌법'과 '미일동맹'의 '뒤틀림'이 현실로 존재하는 가운데 미일관계를 '물건과 사람의 협력'에서 '사람과 사람의 협력'의 동맹 관계로 발전시키기 위해 노력해 왔다. 또한 냉전 붕괴 이후 글로벌화 추세에 따라 안보위협도 지역 차원에서 머무르지 않고 테러 및 대량살상무기와 같은 글로벌 수준으로 확대되었고, 미국과 일본은 동맹 구조 속에서 이에 대처하기 위해 노력하고 있다.

이를 위해 아베 정부는 사실상 헌법개정과 같은 해석개헌을 통해 집단적 자위권 행사를 용인하는 각의 결정을 했고, 이는 미일 가이드라인 개정과 맞물려서 적극적인 미일동맹 강화 정책의 추진으로 나타나고 있다. 이는 불안정하고 급속하게 변화하는 동북아 지역의 안보 상황에 적극적으로 대처하겠다는 전략적 의도가 담겨 있다. 아베 정부의 미일동맹 강화정책은 미중 시대와 맞물리면서 동북아 지역은 물론 한국의 안보에도 지대한 영향을 미칠 가능성이 높다.

최근 중국의 부상, 일본의 보수우경화, 북한의 핵실험 및 미사일 발사 등 한반도를 둘러싼 지역 정세가 급변하면서 주변국 간의 역학 관계가 자주 논의되고 있다. 이에 따라 미국과 각각의 동맹국인 한국, 일본이 안보적 측면에서 협력하는 한미일 안보협력의 필요성이 대두되고 있다. 한편으로는 북한 제재를 둘러싸고 중국, 러시아가 소극적으로 나서면서 과거 냉전 시기처럼 한미일 vs 북중러 냉전 구도로 지역 질서가 회귀하는 것이 아닌가 하는 의구심을 자아내고 있다. 이러한 동아시아 정세 속에서 미일관계 및 대일정책을 둘러싼 한국의 안보전략을 다음과 같이 제시해 볼 수 있다.

첫째, 일본의 집단적 자위권 행사가 한국의 안보에 미치는 영향에 대해 구체적으로 분석 및 평가하여 대처해 나가야 한다. 아베 정부가 집단적 자위권 행사를 추진하고 있는 배경에는 북핵 위협과 중국의 공세적인 군사적 행보에 효과적으로 대처하기 위한 전략적 판단이 존재하고 있다. 일본 안보에 대한 직접적인 위협에 효과적이고 실질적으로 대처하기 위해서는 미일동맹을 강화하는 것이 무엇보다도 중요하며, 집단적 자위권 행사는 이를 구체화하기 위해 추진되고 있는 것이다. 미국, 호주, 영국을 비롯해 동남아 국가들이 아베 정부의 집단적 자위권 행사에 대해 긍정적인 입장을 표명하고 있는 이유도 바로 이러한 중국의 군사적 행보에 대한 안보 차원의 우려 때문이라고 할 수 있다.

이러한 상황을 고려할 때, 한국이 아베 정부의 집단적 자위권 행사 결정을 무조건적으로 비난, 반대하는 것은 합리적이지 못한 비현실적인 어프로치라고 할 수 있다. 맹목적인 아베 정부 비판보다는 일본의 집단적 자위권 행사가 한국의 안보에 미치는 긍정적·부정적 영향을 구분하여 분석하고 대처해 나가야 한다. 우선 일본의 집단적 자위권 행사가 미일동맹의 강화로 귀결된다면 이는 한국 입장에서 볼 때 한반도 유사시 일본의 후방지원을 포함한 대응 태세가 강화되는 것을 의미하는 것으로 해석 가능하다. 한편으로는 집단적 자위권의 행사 내용에 따라서는 자위대의 한반도 상륙이라는 한국으로서는 차단·저지할 필요가 있는 상황도 발생할 수 있다. 따라서 집단적 자위권 행사의 부정적인 측면을 축소 및 해소하기 위한 범정부 차원의 대책을 강구할 필요가 있다.

둘째, 국제평화유지활동을 전개함에 있어 일본 자위대와의 협력 필요성 및 협력 가능 분야 등에 대해 검토하여 구체적인 대응 방향을 수립해 놓아야 한다. 중요영향사태법은 자위대의 활동 범위를 일본 주변 지역에서 세계 각지로 확대하는 것을 목표로 법제화되었다. 이러한 이유에서 실제로 중요영향사태법에는 그동안 자위대의 활동 범위를 일본 주변 지역으로 제약해 온 주변사태법의 '주변'이라는 표현이 삭제되었다.

중요영향사태법은 한반도 유사시 등 일본 주변 지역에서 발생하는 긴급 사태에 대한 대처에 더해 자위대의 국제적인 활동, 특히 미군을 포함해 타국군에 대한 후방지원 활동을 원활하게 하기 위한 것이다. 이에 더해 아베 정부가 법제화한 '국제평화지원법' 역시, 자위대의 해외 활동 시 타국군에 대한 후방지원을 원활하게 하기 위한 법률이다. 이러한 관점에서 볼 때, 앞으로 일본 자위대의 국제평화유지활동은 한층 더 적극적으로, 그리고 광범위하게 전개될 가능성이 매우 높다. 자위대의 해외 파병 등 국제적인 평화협력 활동에 관한 일본 국내의 법제도 정비 동향에 대한 면밀한 검토를 토대로 일본 자위대와의 협력 가능 분야 등에 대해 구체적인 대응 방안을 마련해 둘 필요가 있다.

셋째, 비군사적 위협에 대한 한미일 안보협력 강화에 기초한 공동 대응 태세를 확립해야 한다. 일본은 안보의 기본 이념을 '평화헌법'과 '미일안보조약'이라는 두 가지 축으로 지탱해 왔다. 최근 아베 정부의 보통국가화 움직임과 함께 두 가지 축 가운데 평화헌법은 개정 논의가 거론되는 등 그 위상과 역할의 변화 조짐이 보이고 있지만, 미일안보조약에 기초한 미일동맹은 동북아 정세 및 동맹의 글로벌화 경향에 따라 강화되는 경향에 있다.

현재 한국도 미일동맹과 마찬가지로 한미동맹의 강화를 통해 비군사적 위협에 대처하고 있다. 2015년 10월에 열린 한미 정상회담에서 박근혜 대통령과 오바마 대통령은 한미 양국이 공동의 가치와 상호 신뢰에 기반한 양자·지역·범세계적 범주의 포괄적 전략 동맹을 지속적으로 구축해 나가는 것에 합의했다. 그리고 11월 2일에 개최된 제47차 한미 안보협의회의(SCM)에서 애슈턴 카터 미 국방장관은 한국의 아덴만 해적 퇴치 활동, 시에라리온 에볼라 대응 해외긴급구호대 활동 등을 통해 국제사회의 평화와 안정 증진을 위해 지속적으로 노력해 온 것에 대해 높이 평가하였고, 양국은 인도적 지원 및 재난 구조, 우주 및 사이버 공간의 협력 등을 강화하기로 합의했다.

한편 한국과 일본 간에는 과거사 문제를 비롯한 갈등 상황이 계속되면서 한일 간에 필요한 안보 교류 및 협력에 많은 제한이 걸려 있는 상황이다. 이러한 상황에서 한일 간에 군사적 교류뿐만 아니라 비군사적 교류 및 협력이 필요하다. 일본과 안보방위 교류 및 협력에 저항감을 가지고 있는 국민들에게 인도적 지원·재해 구조 등의 비군사적 교류 확대를 통해 다소나마 한일 간 안보 교류에 대한 저항감을 줄일 수 있다. 물론 이러한 과정을 추진하기 위해 한일 모두의 동맹국으로 기능하고 있는 미국을 포함시킨 한미일 3국의 비군사적 교류 및 협력의 확대가 필요하다. 또한 미일 간에 비군사적 교류가 제도화되고 발전하고 있는 것에 맞춰 한미동맹의 비군사적 교류에 대한 제도화를 추진함으로써 한미일 간 협력의 틀을 완성할 수 있다.

참고문헌

김두승. 2013.「아베정권의 미일동맹정책과 한국의 안보: 미일 가이드라인을 중심으로」.『한일군사문화연구』16권.

김승현. 2015.「아베정권의 안보정책 변화와 의의: 평화안전법제 논의를 사례로」.『한일군사문화연구』20권.

김준섭. 2014.「민주당 정권의 안보정책」. 진창수·신정화 엮음.『일본 민주당 정권의 탄생과 붕괴: 대내외정책 분석을 중심으로』. 오름.

문은석. 2014.「아베 정권의 우경화와 동북아 안보 향배: 집단적 자위권 추진과 대응 방향을 중심으로」.『일본문화연구』50권.

박선원. 2001.「냉전기 한미일관계에 대한 체계이론적 분석」.『한국정치외교사논총』제23집 1호.

최운도. 2014.「민주당 정권의 대미정책」. 진창수·신정화 엮음.『일본 민주당 정권의 탄생과 붕괴: 대내외정책 분석을 중심으로』. 오름.

岡崎久彦. 1983.『戦略的思考とは何か』. 東京: 中央公論新社.

渡部恒雄. 2013.「オバマ政権のアジア回帰政策: 韓国の役割と日本の歴史認識」. 谷内正太郎(編集).『日本の安全保障と防衛政策』. 東京: ウェッジ.

防衛省. 2015.『日本の防衛: 防衛白書〈平成27年版〉』. 東京: 日経印刷.

福田毅. 2006.「日米防衛協力における3つの転機: 1978年ガイドラインから『日米同盟の変革』までの道程」.『レファレンス』56: 7.

船橋洋一. 1997.『同盟漂流』. 東京: 岩波書店.

小沢一郎. 1993.『日本改造計画』. 東京: 講談社.

信田智人. 2013.「日本から見た日米同盟の費用と効果」. 猪口孝 · 佐藤洋一郎 · G.

ジョン.アイケンベリー(編集).『日米安全保障同盟』. 東京: 原書房.

安倍晋三. 2006.『美しい国へ』. 東京: 文藝春秋.

川上高司. 2011.「『オバマ政権のアジア戦略』: 米軍の対中戦略と日米同盟」. 世界平和研究所(編集).『日米同盟とは何か』. 東京: 中央公論新社.

坂元一哉. 2012.『日米同盟の難問』. 東京: PHP研究所.

豊下楢彦・古関彰一. 2014.『集団的自衛権と安全保障』. 東京: 岩波書店.

Clinton, Hillary. 2011. "America's Pacific Century." *Foreign Policy*, November.

Green, Michael J. and Mike M. Mochizuki. 1998. *The U. S.-Japan Security Alliance in the 21st Century: Prospects for Incremental Change*. New York: Council on Foreign Relations.

Inoguchi, Takashi. 2008. "Japan as a Global Ordinary Power: Its Current Phase." *Japanese Studies* 28:1, May.

Kissinger, Henry. 1994. *Diplomacy*. New York: Simon & Schuster.

防衛省.「日米防衛協力のための指針(2015. 4. 27)」. http://www.mod.go.jp/j/approach/anpo/shishin/shishin_20150427j.html (검색일: 2016. 2. 10).

防衛省.「日米防衛協力のための指針の見直しに関する中間報告(2014. 10. 8)」. http://www.mod.go.jp/j/approach/anpo/kyougi/js20131003_gaiyou.html (검색일: 2016. 2. 10).

防衛省.「日米安全保障協議委員会 (「2+2」) 共同発表(2013. 10. 3)」. http://www.mod.go.jp/j/approach/anpo/kyougi/js20131003_gaiyou.html (검색일: 2016. 2. 10).

防衛省.「平成26年度以降に係る防衛計画の大綱について(平成25年12月17日)」. http://www.mod.go.jp/j/approach/agenda/guideline/2014/pdf/20131217.pdf (검색일: 2016. 2. 10).

首相官邸.「国家安全保障戦略について(平成25年12月17日)」. http://www.kantei.go.jp/jp/kakugikettei/2013/__icsFiles/afieldfile/2013/12/17/20131217-1_1.pdf (검색일: 2016. 2. 10).

外務省.「日米首脳会談(概要)」(2013. 2. 22). http://www.mofa.go.jp/mofaj/kaidan/s_abe2/vti_1302/us.html (검색일: 2016. 2. 10).

Bremmer, Ian. 2013. "Three Troubled Allies, One Superpower." *The Wall Street Journal*. January 11. http://www.wsj.com/articles/SB10001424127887323442804578231870322045866 (검색일: 2016. 2. 10).

Department of Defense. 2014. "Quadrennial Defense Review 2014." March 4. http://www.defense.gov/pubs/2014_Quadrennial_Defense_Review.pdf (검색일: 2016. 2. 10).

Department of Defense. 2012. "Sustaining U. S. Global Leadership: Priorities for 21st Century Defense." January. http://www.defense.gov/news/Defense_Strategic_Guidance.pdf (검색일: 2016. 2. 10).

The White House. 2015. "The 2015 National Security Strategy." February. https://www.whitehouse.gov/sites/default/files/docs/2015_national_security_strategy_2.pdf (검색일: 2016. 2. 10).

제6장

일본의 집단적 자위권 도입과 한국의 대응 방향

조세영

1. 한국의 안보적 입지와 일본의 역할

한국의 외교안보적 입지는 미국의 아시아·태평양 전략에 의해 그 기본 틀이 마련되었다. 제2차 세계대전 후 미국은 유럽에서와 마찬가지로 아시아에서도 북대서양조약기구(NATO)와 같은 지역적 차원의 안전보장 구조를 구축하고자 했다. 그러나 일본의 식민지 지배와 침략에서 벗어난 직후였던 만큼 아시아 국가들은 일본과 함께 참여하는 지역적 안보협력 구조에 대해 강한 거부감을 나타냈다. 이 때문에 미국은 할 수 없이 애초의 구상과는 달리 한국, 일본, 필리핀, 호주, 뉴질랜드와 각각 양자 차원의 안보조약(또는 상호원조조약)을 개별적으로 체결할 수밖에 없었다.[1]

이러한 배경에서 보듯이 아시아 국가들은 미국과 양자 차원의 개별적 안보조약을 맺고 있다 하더라도, 실제로는 미국의 아시아·태평양 전략이라는 큰 틀 속에서 유기적으로 연계되어 있다고 할 수 있다. 따라서 한국과 일본도 양국 간에 직접적인 안보협력의 연결고리는 가지고 있지 않지만, 미국을 축으로 한미동맹과 미일동맹을 통해 한미일 3국 차원에서 사실상 하나의 안보협력 체제를 구축하고 있는 것이다. 한일 양국에 각각 주둔하는 미군의 편제를 보더라도 주한미군은 육군 중심으로, 주일미군은 해공군과 해병대 중심으로 편성되어 있어 유사시에는 주한미군과 주일미군이 하나의 세트로 연동되어 움직일 수밖에 없음을 알 수 있다.

과거 한국전쟁에서는 유엔군의 군수물자가 상당 부분 일본으로부

---

1 John Foster Dulles, "Security in the Pacific," *Foreign Affairs*(January 1952), p. 182.

터 조달되었으며, 미 해군이 요코스카와 사세보에서 함정의 수리와 보급을 해결했고, 미 공군이 오키나와의 가데나를 기지로 활용했다. 지금도 한반도 유사시 유엔군사령부의 작전 지원을 위해 주일미군기지 7개소가 후방기지로 지정되어 있다. 또한 일본은 비록 주권 회복 이전의 미군정시대(美軍政時代)이기는 했으나 한국전쟁 당시 미군의 요청에 의해 원산과 인천 해역에서 기뢰 제거 작전을 수행하기도 했다. 이러한 사실은 한반도 유사시에 일본이 주일미군기지의 원활한 이용에 협조하는 동시에, 한국과 연합작전을 전개하는 미군에 대해 지원 활동을 수행하게 된다는 것을 잘 보여 주고 있다.

한반도 유사시 한국의 방어를 지원하기 위해 투입되는 미군의 증원 전력은 육해공군 및 해병대를 포함하여 병력 69만여 명, 함정 160여 척, 항공기 2천여 대에 이른다.[2] 이러한 대규모 증원 전력이 원활하게 한국에 투입되기 위해서는 일본의 협조가 필수적이다. 따라서 일본이 집단적 자위권의 행사를 해금(解禁)하여 미군에 대한 지원을 강화하고, 지원의 대상을 미군 이외에 한국을 비롯한 여타 국가도 포함시킨 것은 북한에 대한 억지력을 강화하고 한국의 안보적 이익에 부합하는 효과가 있다고 할 수 있다.

---

2 『국방백서 2014』(국방부, 2014), p. 48.

2. 일본의 집단적 자위권 해금과 안보법제 정비

한국전쟁 당시 일본의 안보적 역할은 기뢰 제거 활동을 제외하고는 모두 일본의 영역이라는 한정된 범위 내에서의 지원 활동(미군에 대한 병참 지원 및 주일미군기지 사용 협조)이었다. 그러나 일본은 1999년 5월 '주변사태법'을 제정하여 '일본의 주변 지역에서 일본의 평화와 안전에 중요한 영향을 주는 사태'가 발생했을 때, 일본의 영역을 벗어난 주변 지역의 공해와 그 상공에서 자위대가 미군에 대한 후방지원 활동을 할 수 있도록 했다.

이는 한반도 유사시에 한국의 주변 수역과 그 상공에서 일본이 미군에 대한 지원 활동을 할 수 있음을 의미한다. 그러나 일본의 지원 활동은 보급, 수송, 의료 지원 등 소위 '무력행사와 일체화'되지 않는 후방지원(수색구조와 선박임검 포함)으로 한정되어 있으며,[3] 이러한 활동도 현재는 물론 앞으로의 활동 기간 내내 전투행위가 발생하지 않는 '비전투 지역'에서만 가능하도록 하는 등 이중으로 제한되어 있었다.

2015년 9월의 안보 관련 법률의 정비를 통해 일본은 '주변사태법'을 '중요영향사태법'으로 확대 개편했다. '중요영향사태'란 일본에 대한 무력공격이 발생한 것은 아니지만, '그대로 방치하면 일본에 대한 직접적인 무력공격으로 연결될 우려가 있는 사태 등 일본의 평화와 안전에

[3] '주변사태법'의 별표 2와 별표 3에는 자위대에 허용되는 후방지원 활동의 구체적 항목으로 보급, 수송, 수리 및 정비, 의료, 통신, 숙박, 소독, 공항 및 항만 업무, 폐기물 수집 및 처리, 전력 공급을 열거하고 있다. 반면 탄약을 포함하는 무기의 제공과 전투작전 행동을 위하여 발진 준비 중인 항공기에 대한 급유 및 정비는 허용되지 않는 것으로 명시되어 있다.

중요한 영향을 미치는 사태'('중요영향사태법' 제1조)를 말한다. '중요영향사태법'은 자위대의 활동 범위에서 '주변 지역'이라는 지리적 제한을 철폐했으며, '비전투 지역'의 범위도 현재 전투행위가 없는 곳이라면 어디에서든 가능하도록 확대했다. 또한 후방지원 활동의 내용도 과거에는 금지되었던 탄약의 제공과 전투를 위해 이륙 대기 중인 전투기에 대한 급유까지 가능하도록 확대했다.[4] 그리고 후방지원 활동의 대상국을 미군에 한정하지 않고 여타 외국군으로까지 확대하여 일본이 한국군을 직접 지원할 수 있는 가능성도 열어 두었다. 그러나 '중요영향사태'에서 자위대의 활동은 여전히 직접적인 무력행사가 불가능하며 후방지원 활동으로만 한정되어 있다.

자위대의 무력행사가 가능한 경우는 두 가지 범주를 생각할 수 있다. 첫째, 일본이 직접 무력공격을 받은 경우라면 개별적 자위권의 차원에서 당연히 무력행사를 통해 반격할 수 있다. 둘째, 일본이 직접 무력공격을 받지는 않았지만, 일본과 밀접한 관계에 있는 국가가 무력공격을 받았을 때 집단적 자위권 차원에서 무력행사를 통해 공격받은 국가를 지원하는 경우를 생각할 수 있다.

두 번째 범주에 관하여 일본은 오랫동안 일본 헌법 제9조의 해석상 집단적 자위권의 행사는 허용되지 않는다는 입장을 취했으나, 2014년 7월 헌법해석을 변경하여 집단적 자위권의 행사를 허용했다. 이어서 일본은 2015년 9월 안보 관련 법률의 정비를 통해 집단적 자위권의 행사가 허용되는 '존립위기사태'의 개념을 신설했다. '존립위기

---

4 탄약 이외의 무기의 제공은 '주변사태법'에서와 마찬가지로 허용되지 않는 것으로 되어 있다.

사태'란 '일본과 밀접한 관계에 있는 타국에 대해 무력공격이 발생하여, 이로 인해 일본의 존립이 위협받고 국민의 생명과 자유·행복추구의 권리가 근저로부터 전복될 명백한 위험이 있는 사태'('무력공격·존립위기사태법' 제2조 4항)를 말한다. 이러한 경우에는 일본이 직접 무력공격을 받은 것은 아니지만 집단적 자위권의 차원에서 무력행사가 가능하다는 것이다.

'중요영향사태'와 '존립위기사태'의 개념을 도입함으로써 일본은 한반도 유사시에 지리적 범위의 제한 없이 후방지원 활동은 물론 직접 무력행사를 통해 미군 또는 한국군을 지원할 수 있는 법적 체제를 마련한 것이다. '존립위기사태'에서 집단적 자위권을 발동하여 무력행사를 하기 위해서는 ① 일본과 밀접한 관계에 있는 타국에 대해 무력공격이 발생하여, 이로 인해 일본의 존립이 위협받고 국민의 생명과 자유·행복추구의 권리가 근저로부터 전복될 명백한 위험이 있을 것, ② 이를 배제하여 일본의 존립을 보전하고 국민을 보호하기 위하여 다른 적당한 수단이 없을 것, ③ 필요 최소한도의 실력 행사에 그칠 것이라는 '무력행사의 신(新) 3요건'(이하, 신 3요건)[5]을 충족해야 한다.

그러나 이러한 요건은 객관적 기준에 의한 것이 아니라 기본적으로 일본 정부의 주관적 판단에 따른 것이므로 일본 정부가 필요하다고 생각하기만 하면 '존립위기사태'의 인정과 집단적 자위권에 의한 무력행사의 가능성은 상당히 높다고 볼 수 있다. 또한 처음에는 '중요영향사태'에 따라 자위대가 후방지원 활동을 하다가, 상황이 긴박해지면

[5] 2014년 7월 1일 일본 정부의 각의 결정.
http://www.cas.go.jp/jp/gaiyou/jimu/pdf/anpohosei.pdf (검색일: 2015. 12. 30)

'존립위기사태'에 해당된다고 판단하여 무력행사를 수반하는 활동으로 전환하게 될 가능성도 충분히 존재한다.

일본 정부는 국회 답변에서 미국의 이지스함이 미군 함대에 의해 충분히 보호받고 있는 상황이라면 일본이 무력을 행사해서 지원할 필요가 없을 수 있다고 하면서도, 한편으로는 북한이 수백 발의 탄도미사일을 보유하고 있음을 고려할 때 미사일방어체제(이하, MD)의 일각을 담당하는 미군 함정이 공격받는다면 일본의 존립이 위협받는 것이므로 집단적 자위권의 행사가 가능하다고 밝히고 있다.[6] 이처럼 '중요영향사태'와 '존립위기사태'를 엄밀하게 구별하기 어려운 상황에서 일본 정부의 재량적 판단의 여지는 상당히 폭넓게 존재한다고 할 수 있다.

일본 정부가 안보법제 정비의 목적을 어떠한 사태에서도 빈틈없는 안보적 대응이 가능하도록 법적 체제를 정비하는 데 있다고 설명[7]하고 있듯이, 이제 한반도 유사시에 일본이 미군 또는 한국군을 지원하는 데 있어서 정책적 판단 때문이라면 몰라도 적어도 법적 근거의 미비 때문에 불가능한 활동은 사실상 없어졌다고 할 수 있다.

3. 한반도 유사시 일본의 집단적 자위권 행사

일본 정부는 '존립위기사태'에 따른 집단적 자위권 행사의 구체적 사례에 대해서는 가급적 언급을 삼가하겠다는 입장이나 원유 수송로

6 『朝日新聞』(2015. 8. 27).

7 2014년 7월 1일 일본 정부의 각의 결정.

보호를 위한 중동 호르무즈 해협의 기뢰 제거 활동이나, 분쟁 지역으로부터 철수하는 일본 국민을 수송하던 중에 공격을 받은 외국 함정에 대한 보호 작전 등을 국회 답변 등을 통해서 예시하고 있다. 또한 일본 정부는 2014년 7월 집단적 자위권의 해금을 결정하기에 앞서 5월에 개최된 자민당과 공명당 간의 여당협의회에서 당시의 법규로 대응할 수 없는 15개의 사례를 제시한 바 있다.[8]

이 가운데 8개가 집단적 자위권의 행사에 해당하는 사례[9]라고 할 수 있으며, 대부분 한반도 유사시에 실제로 일어날 것으로 상정해 볼 수 있는 사례들이다. 8개 사례는 어디까지나 예시적일 뿐이므로 실제로는 이에 포함되지 않은 사례들이 있을 수 있다. 일본 정부는 내부적으로 한반도 유사시에 집단적 자위권을 행사하여 자위대가 쓰시마 해협을 봉쇄하는 상황을 상정하기도 했지만, 대외적으로 제시한 사례에는 이러한 본심이 나타나는 케이스가 포함되어 있지 않으며, 대신 공해상에서 탄도미사일에 대응 중인 미군 함정을 방어한다든지 호르무즈 해협의 기뢰를 제거하는 등의 현실성이 떨어지는 경우만 열거하고 있

---

8 http://mainichi.jp/graph/2014/05/28/20140528ddm010010039000c/001.html (검색일: 2015. 12. 31)

9 ① 분쟁지로부터 철수하는 일본 국민을 수송 중인 미국 수송함에 대한 방어 활동, ② 일본 근린지역 유사시에 공해 상에서 작전 중인 미군 함정에 대한 방어 활동, ③ 일본 근린지역 유사시에 무기 탄약 등을 수송하는 것으로 의심되는 선박에 대한 강제 임검 활동, ④ 일본 상공을 통과하여 미국으로 향하는 탄도미사일에 대한 요격, ⑤ 일본 주변 수역에서 적의 미사일 공격에 대해 경계 작전 중인 미군 함정에 대한 방어 활동, ⑥ 미국 본토가 공격받았을 경우 일본 주변 수역에서 미군 함정에 대한 방어 활동, ⑦ 국제적인 기뢰 제거 활동에 대한 참가, ⑧ 민간 선박에 대한 국제적 공동호위 활동에 대한 참가.

다는 비판이 제기되기도 했다.[10]

일본 정부가 제시한 사례들은 굳이 집단적 자위권을 거론하지 않더라도 개별적 자위권 차원에서 설명이 가능한 경우가 대부분이다. 그럼에도 불구하고 이러한 사례들을 제시한 것은 가능한 한 개별적 자위권에 근접한 내용을 제시함으로써 집단적 자위권의 해금에 소극적인 태도를 가진 연립여당인 공명당의 동의를 확보하기 용이하도록 하려는 의도 때문이었다.[11] 아베 정부의 집단적 자위권의 해금을 염두에 두고 전문가들로 구성한 '안전보장의 법적 기반의 재구축에 관한 간담회'가 2014년 5월에 제출한 최종보고서는 유엔 회원국으로서 국제법상 허용되는 집단적 자위권을 전면적으로 인정해야 한다는 내용이었다. 그러나 일본 정부는 2014년 7월 집단적 자위권 해금을 결정하면서 연립여당인 공명당과 합의를 위하여 간담회 보고서의 제언을 전부 수용하는 대신 '존립위기사태'로만 한정하여 집단적 자위권을 인정하지 않을 수 없었다.[12]

8개 사례에는 포함되지 않았지만 한반도 유사시 자위대가 미군 또는 한국군에 대해 협조를 제공할 수 있는 유력한 분야로는 일본이 높은 수준을 자랑하는 대잠수함 초계 분야가 대표적이다. 잠수함을 탐지하기 위해서는 P3C 대잠초계기가 탐지한 신호 정보를 해당 해역의 특성과 적의 잠수함의 음향 특성 등 방대한 데이터를 동원하여 치밀하게 분석해 내는 능력이 중요하다. 일본 해상자위대의 P3C는 지상기지 및

10 『朝日新聞』(2015. 8. 28).

11 柳澤協二, 「15事例の分析と軍事的政治的リアリティ」, 『新自衛隊論』(東京: 講談社, 2015), pp. 248-251.

12 森本敏, 「日米防衛協力ガイドライン見直しの射程」, 『外交』 Vol. 33(2015. 9), p. 26.

미군과 실시간으로 데이터를 공유하므로 뛰어난 잠수함 탐지 능력을 보유하고 있다. 반면 한국군이 보유한 P3C의 관측 장치는 지상기지와 연동되어 있지 않은 독립형(stand alone) 장치이므로 동원 가능한 데이터의 양(量)과 분석 능력에 커다란 한계가 있다.[13] 따라서 한반도 유사시 한국은 대잠수함 초계 작전에서 일본 해상자위대와 협조 가능성을 검토해 볼 수 있을 것이다.

이처럼 한국의 안보적 입지와 군사적 합리성의 측면에서 본다면 한반도 유사시에 일본의 집단적 자위권의 행사는 한국의 안보적 이익에 기여하는 점이 있다고 할 수 있다. 또한 일본이 실제로 집단적 자위권을 행사하지는 않더라도, 집단적 자위권의 행사가 가능한 법적 체제를 갖추어 놓음으로써 평시 및 준전시에 북한에 대한 억지력을 강화하는 데 도움이 되는 측면이 존재하는 것도 사실이다. 또한 일본의 집단적 자위권의 해금과 안보 관련 법률 정비는 곧 미일동맹의 강화를 의미하며, 이는 대북 억지력을 제고시키는 효과가 있다.

따라서 일본의 집단적 자위권 행사가 한반도 유사시에 미군 또는 한국군의 효율적 작전 수행에 도움이 되는 경우에는 당연히 한국으로서도 이를 활용할 필요가 있다. 국민의 생명과 재산을 보호하는 것이 국가의 책무인 만큼 안보정책은 냉철한 현실 인식에 입각해야 하며, 그것이 일본의 집단적 자위권 문제라고 해서 국민감정이나 역사 인식 문제가 합리적인 현실 판단보다 앞서서는 곤란하다.

일본의 집단적 자위권 문제와 관련하여 한국에서는 한국의 주권

13 牧野愛博, 「일본의 안보정책의 변화와 동아시아」(2015. 10. 20), 동서대일본연구센터 · 한일협력위원회 공동주최 한일관계 국제심포지엄 자료집, p. 31.

적 영역에서 자위대가 활동할 경우 한국의 사전동의 여부가 초점이 되어 있다. 자위대의 활동이 공해와 그 상공에서 이루어지는 경우에는 기본적으로 상대국의 동의가 필요 없다. 그러나 상대국의 영역 내에서 활동하는 경우에는 상대국의 동의를 받는 것이 국제법상 당연한 원칙이다.

'중요영향사태'에 따라 상대국 영역 내에서 후방지원 활동을 할 경우에는 상대국의 동의가 필요하다고 규정되어 있다('중요영향사태법' 제2조 4항). '존립위기사태'에 따라 무력행사를 할 경우에 상대국의 동의가 필요하다는 명문 규정은 없으나, 미국 및 관련 국가와 긴밀히 협의한다는 규정('무력공격 · 존립위기사태법' 제3조 7항)이 있으며, 개정된 미일 가이드라인에도 일본의 집단적 자위권 행사는 제삼국의 주권을 충분히 존중해야 한다는 내용이 포함되어 있다.

일본 정부는 '존립위기사태'의 정의에 상대국의 요청이나 동의가 포함되어 있지 않지만, 국제법상 집단적 자위권의 행사를 위해서는 상대국의 요청이나 동의가 전제되어야 한다고 언급했다.[14] 2015년 10월 20일 개최된 한일 국방장관회담에서 나카타니 겐 방위상은 타국 영역 내에서 자위대가 활동할 경우에는 국제법에 따라 해당 국가의 동의를 얻는다는 점을 재확인했다(한일 국방장관회담 공동 보도문).[15]

한편, 북한 영역에 관해서는 한일 양국 간에 입장의 차이가 있다. 한일 국방장관회담에서 한국 측은 헌법상 북한도 한국의 영토이므로 한반도 유사시에 자위대가 북한에 진입할 때는 한국의 동의를 받

---

14 『朝日新聞』(2015. 8. 26).

15 http://www.korea.kr/policy/pressReleaseView.do?newsId=156080784 (검색일: 2015. 12. 30)

아야 한다고 주장했으나, 일본 측은 이 문제에 대해서는 한미일이 긴밀히 협력해야 할 것이며 일반적으로 한국의 유효한 지배가 미치는 범위는 휴전선 남쪽으로 이해하고 있다는 입장을 보인 것으로 보도되었다.[16] 1948년 12월 12일 유엔총회가 한국을 승인하면서 채택한 결의 제195(Ⅲ)호의 해석이나 남북한이 개별적으로 유엔에 가입한 사실 등을 고려할 때, 일본이 한국의 희망대로 북한 영역이나 그 주변에서 자위대의 활동에 대해 한국의 사전동의가 필요하다고 명시적으로 약속하기는 어려울 것이다.

실제로 한반도 유사시에는 유엔사·한미연합사 사령관이 남북한의 영역을 포함한 한반도와 그 주변의 공해 및 상공에 KTO(한국작전전구 또는 한국전쟁 지역)를 설정하게 되며, KTO는 당연히 주한미군과 주일미군의 유기적 협조를 전제로 한다. 따라서 한반도 유사시 북한 영역에서 자위대의 활동에 대한 한국의 사전동의 문제는 한미동맹과 미일동맹의 틀, 다시 말해 한미일 3국 간의 긴밀한 협의 속에서 자연스럽게 처리하는 수밖에 없다.

예를 들어 한국이 반대함에도 불구하고 미국이 북한의 핵 시설에 대한 선제적 타격 조치에 나서고 일본이 집단적 자위권으로 미군을 지원하는 경우를 가정해 본다면, 한국은 일본의 집단적 자위권 행사에 대해서는 물론이고 한국의 입장과 배치되는 미국의 군사적 행동 그 자체에 대해 단호하게 문제 제기를 하고 필요한 조치를 취해야 할 것이다. 실제로 1994년 북한 핵 문제가 위기 국면을 맞았을 때 미국이 북한

16 http://www.yonhapnews.co.kr/bulletin/2015/10/21/0200000000AKR20151021162200043.HTML?input=1195m (검색일: 2015. 12. 30)

의 핵 시설에 대한 정밀폭격을 추진했으나 한국의 강력한 반대로 저지된 적이 있었다. 그러나 이러한 경우 사전에 한국의 동의를 받아야 한다고 요구하더라도 그것이 받아들여질 가능성은 별로 없을 것이다.

따라서 한국의 입장에서는 일본에 대해 사전동의의 명시적 약속을 요구하기 보다는, 북한 지역에 대한 군사적 활동은 한국의 국익에 직접적이고도 중요한 영향을 미치므로 일본이 한국과 긴밀하게 사전협의를 해야 한다고 강조하는 것이 현실적이고도 바람직한 방법이다. 만일 미국이나 일본이 한국의 반대에도 불구하고 북한에 대한 군사적 행동에 나서는 상황이 벌어진다면 한국으로서는 더 이상 한미일 공조 체제를 유지할 수 없다는 각오로 단호하게 대응해야 할 것이다. 한국의 영역에 관한 것이든 북한의 영역에 관한 것이든 일본의 집단적 자위권 행사에 대해서 한국의 국익을 담보하는 것은 사전동의의 약속 여부가 아니라 한국의 주체적인 판단과 단호한 대응이다.

일본 정부는 기본적으로 무력행사를 목적으로 자위대를 타국의 영역에 파견할 수 없다는 입장이다. 아베 수상은 국회 답변에서 한반도에서 북한과 한미 연합군이 전쟁 상태에 들어간 것만으로는 신 3요건 중 ①의 '존립위기사태'에 해당하지 않으나, 공해상에서 일본과 합동으로 MD 활동 중인 미군 함정에 대한 공격이 발생하면 '존립위기사태'에 해당되지만, 그 경우에도 자위대를 북한이나 한국의 영역에 파병하는 것은 신 3요건 ③의 '필요 최소한도의 실력행사에 그칠 것'에 위배되기 때문에 불가능하다고 언급했다.[17] 일본으로서도 자위대를 외국에 파병하여 군사력을 행사하는 것은 매우 신중하게 생각하지 않을 수 없

17 『朝日新聞』(2015. 8. 25).

을 것이다.

반면, 북한으로부터의 미사일 공격을 미연에 방지하기 위하여 북한의 발사 기지를 선제적으로 공격하는 소위 '적기지 공격'에 대해서는 논란의 여지가 있다. 일본 정부는 일본에 대한 공격이 임박한 상황이라면 개별적 자위권의 차원에서 적기지 공격은 가능하다는 입장이다. 다만 이러한 법리적 가능성과는 별도로 적기지 공격에 필요한 무기체계 등 군사적 능력을 보유하지 않고 있으므로 현실적으로는 개별적 자위권의 차원이라 하더라도 적기지 공격이 불가능하다고 설명하고 있다.[18] 그러나 필요한 무기체계를 보유하고 있지 않을 뿐 법리적으로 적기지 공격이 금지되어 있는 것이 아니라는 점, 그리고 군사기술의 발달과 향후 정세 변화 가능성 등을 고려할 때 적기지 공격 문제는 유동적인 측면이 있으므로 앞으로도 계속 주목할 필요가 있다.

일본의 집단적 자위권 행사에 대한 한국의 사전동의 문제가 한국에서 부각되는 것은 일본의 침략과 식민지 지배라는 특수한 역사적 배경으로 인해 일본의 군사적 역할에 대해 뿌리 깊은 불신감이 작용하고 있기 때문이다. 그러나 일본의 집단적 자위권 문제의 기본적 성격이 안보 문제인 만큼 어디까지나 안보의 논리를 중심으로 냉정하게 판단할 필요가 있다.

일본의 집단적 자위권 행사 문제에 대해서는 한반도 유사시에 일본이 담당할 수 있는 능력(예를 들어 기뢰 제거나 대잠수함 초계 활동, 미군에 대한 지원 활동 등)을 어디까지 활용하는 것이 바람직한가 하는 구체적인 판단을 가지고 대응해야 할 것이다. 이와 함께 일본의 집단적 자위권 행

---

18 『朝日新聞』(2015. 8. 27).

사가 동아시아 지역안보에 미치는 영향에 대해서도 한국의 국익의 관점에서 입체적으로 판단할 필요가 있다.

4. 동아시아 지역안보에 대한 함의

일본은 집단적 자위권을 해금하고 안보법제를 정비하는 목적으로 북한의 핵·미사일 위협에 대한 대응과 함께 중국으로부터의 안보적 위협에 대한 대응을 내세우고 있으나, 최근 들어 중국에 대한 대응 쪽으로 그 중심이 옮겨 가고 있다. 미국의 상대적 영향력이 저하되는 가운데 중국의 급속한 대두로 국제사회의 힘의 균형이 변화하고 있으며, 특히 중국은 투명성이 결여된 채로 군사력을 증강하는 동시에 해양 진출을 강화하고 있다는 것이 일본의 인식이다. 특히 "해양에서 이해가 대립하는 문제를 둘러싸고 힘을 배경으로 현상변경을 시도하는 등 고압적인 대응을 계속하면서 자신의 일방적인 주장을 비타협적으로 실현시키려는 자세를 보이고 있다"[19]고 강하게 불만을 제기하고 있다.

이러한 힘의 균형의 변화에 대응하기 위하여 미국은 아시아에 대한 재균형 정책과 함께 동맹국의 역할 확대를 추진하고 있으며, 일본은 집단적 자위권의 해금과 안보법제의 정비를 통해 미국의 요구에 적극 부응하면서 중국의 부상에 대응하는 전략을 취하고 있다.

아태지역에서 미국과 중국을 중심으로 한 안보전략의 화두는 제1열도선과 제2열도선을 중심으로 반접근 지역거부(A2AD) 기능을 수행

---

[19] 防衛省, 『防衛白書 2015』(東京: 防衛省, 2015), p. 3.

하는 중국의 미사일 능력과 이에 대한 대응 문제이다. 일본의 집단적 자위권 행사와 미일 간의 MD 협력 강화는 북한에 대한 억지력의 차원에서뿐만 아니라 중국의 미사일 능력에 대한 대응 차원에서도 매우 중요하다. 일본은 동중국해의 센카쿠의 방어 및 영유권 유지를 위해서 미일동맹의 강화가 중요하며, 남중국해에서 중국의 팽창적 해양 진출에 대응하기 위해서도 미국과 공동으로 노력해야 한다는 입장이다.

미일동맹 강화의 핵심적 내용은 미군과 자위대의 일체화라고 할 수 있다. 일본 자위대가 안보 관련 법안의 국회 통과를 앞두고, 법안 통과 이후의 구체적인 대미 지원 내용을 검토한 내부 자료가 공개되었다. 이 자료에는 전시는 물론 평시부터 이용 가능한 상설 동맹 조정 메커니즘(ACM) 속에 '미군-자위대 조정소'를 설치하며 남중국해에서 정보수집 및 경계 감시 활동 참여 방안을 검토하기 위하여 실무그룹을 설치한다는 내용이 포함되어 있다.[20]

이는 미일 양국 간에 군사적인 일체화가 더욱 심화되고 있으며 중국의 대두에 대해 미국과 일본이 연합하여 대처한다는 노선에 다름 아니다. 이러한 일본의 안보정책은 중국과 원만한 협조적 관계를 구축하기보다는 전략적으로 상호 견제하는 갈등 관계로 귀결되기 쉬우며, 동아시아에서 안보 딜레마의 상황을 초래할 가능성이 높다.

일본에는 '중국 위협론'이 존재하는 반면, 중국에는 미중 간의 압도적인 군사력의 격차 때문에 뿌리 깊은 '미일동맹 위협론'이 존재한다. 따라서 미일동맹 강화를 내세우는 것만으로도 충분한 억지력을 확보할 수 있음에도 불구하고, 일본이 미국과 협조하여 집단적 자위권을

---

20 『朝日新聞』(2015. 8. 20).

행사할 가능성을 과시한다면 중국도 필사적으로 군사력을 강화하려 할 것이다.[21]

중국은 일본의 군사적 역할 확대 움직임을 민감하게 주시하고 있다. 중국 외교부의 훙레이(洪磊) 대변인은 2015년 9월 일본 국회의 안보 관련 법안 통과를 앞두고 일본이 최근 군사력을 강화하며 안보정책을 바꾼 것은 평화, 발전, 협력의 시대 조류와 전혀 맞지 맞는다고 하면서 일본은 아시아 이웃국가의 안보에도 관심을 갖고 배려해야 한다고 지적하고 군사안보 영역에서 신중한 행동은 역내 평화와 안정을 촉진하는 데 도움이 될 것이라고 강조했다.[22]

이러한 흐름 속에서 과거의 중일관계는 경제 문제 등 비군사 분야가 중심 의제였으나 이제는 안보 문제가 가장 중요한 의제로 떠올랐다. 미야모토 유지(宮本雄二) 전 주중 일본 대사는 군사 및 안보 문제가 중일관계의 커다란 요소로 부각됨에 따라 중일관계에 본질적인 변화가 생겼다고 하면서 "지금까지 중일 간의 안보 문제라고 하면 미군이 대만을 방어하려고 할 때 일본이 어떠한 역할을 할 것인가 하는 문제가 전부였으며, 미국이 주역이고 일본은 보조적 행위자에 불과했으나 앞으로는 일본의 자위대와 중국 인민해방군의 관계를 어떻게 할 것인지 생각하지 않으면 안 된다"고 언급했다.[23] 최근 중일 간의 고위급 회담에서 양국 국방 당국 간의 '해공(海空) 연락 메커니즘'의 설치 문제가 중요한 의제로 다루어진 것은 이러한 추세를 반영한다고 볼 수 있다.

아베 정부의 집단적 자위권의 해금과 안보법제의 정비를 추진하

---

21 天児慧, 와세다 대학 현대중국연구소장 인터뷰, 『朝日新聞』(2015. 8. 12).

22 『연합뉴스』(2015. 9. 19).

23 宮本雄二, 「中国の将来と日中関係」, 『アジア時報』 2015年 11月号, pp. 72-73.

면서 일관되게 강조하는 것은 '억지력의 강화'이다. 그리고 아베 정부가 내세우는 '적극적 평화주의'는 무력행사를 포함하는 수단을 통해 국제관계의 질서유지 또는 재편을 도모하는 것[24]이며, 억지의 부(負)의 측면, 즉 위협을 강화하는 데 지나치게 에너지를 쏟고 있다[25]고 할 수 있다. 이러한 의미에서 '적극적 평화주의'는 공세적 억지력의 강화 정책이라고 볼 수 있을 것이다.

그러나 진정한 안전보장은 억지력의 강화뿐만 아니라 대화와 협력의 노력이 병행될 때 비로소 가능하다. 그런데 아베 정부는 중국의 위협에 대처하기 위한 억지력의 강화에 경도되어 중국과의 협력적 관계 구축에는 충분한 성과를 거두지 못하고 있다. 현재 관심이 집중되고 있는 남중국해 문제와 관련하여 중국이 남중국해 수역에서 일본의 정찰 활동은 중국에게 새로운 위협[26]이라고 반발하고 있음에도 불구하고, 일본은 남중국해에서 미국과 필리핀을 비롯한 동남아 국가들과 공동훈련을 계속하겠다[27]는 자세를 보이고 있다. 중일관계의 기조가 상당히 긴장되어 있는 상황에서 중국 측이 특히 주목하고 있는 자위대의 남중국해 진입이 실제로 이루어진다면 중일관계에 커다란 변화가 초래될 것이라는 우려도 제기되고 있다.[28]

한미동맹과 한중협력관계를 조화롭게 양립시켜야 하는 한국의 입장에서 중국과 미국-일본의 대결 구도는 결코 바람직하지 않다. 대북

---

24 毛利和子, 「日中関係 対抗から対話へ」, 『外交』 Vol. 33(2015. 9), p. 111.

25 植木千可子, 『平和のための戦争論』(東京: 筑摩書房, 2015), p. 213.

26 『朝日新聞』(2015. 7. 23).

27 『연합뉴스』(2015. 7. 17).

28 川島真, 「日中関係はどう進むのか」, 『東亜』 2016年 1月号(東京: 霞山会), p. 20.

억지력 강화를 위한 군사적 합리성의 차원에서 일본의 집단적 자위권의 행사와 한일·한미일 안보협력은 한국의 안보적 이익에 도움이 되는 측면이 존재한다. 그러나 첨단 기술의 발달을 배경으로 한 미국 중심의 군사적 협력 네트워크에 한국이 편입될 경우 결과적으로 동아시아 안보전략에서 중국과 미국-일본의 대결 구도에 연루될 위험성을 피할 수 없을 것이다.

5. 집단적 자위권과 군사기술적 측면

앞서 소개한 집단적 자위권 행사의 8개 사례 가운데 철수 일본인 수송 함정 방어(①), 선박임검(③), 기뢰 제거(⑦), 민간선박 호위(⑧)를 제외한 나머지 4개의 사례는 대부분 MD 활동과 직간접적으로 관련되어 있다. 일본의 집단적 자위권 행사에 대해서는 MD 활동에서 미일 간의 보다 긴밀한 협조체제가 구축된다는 점에 주목할 필요가 있다.

군사기술의 첨단화에 따라 최근에는 국적과 관계없이 동일한 무기체계 사이에는 컴퓨터를 통해 전술 데이터의 공유(데이터링)가 가능하게 되었다. 예를 들어 일본의 해상자위대와 항공자위대는 미군의 데이터링크(Data Link) 시스템인 링크 16(Link 16)으로 미군과 연결되어 있고 앞으로 육상자위대까지 미군의 전 세계적 군용 데이터링크 시스템에 연결될 전망이다.[29]

---

[29] 加藤朗, 「軍事技術の発展の時点から捉えた集団的自衛権」, 『新自衛隊論』(東京: 講談社, 2015), p. 283.

예를 들어, A국이 태평양을 향하여 발사한 탄도미사일을 동해에 전개 중인 일본의 이지스함이 탐지했으나 이를 직접 요격하기 어려운 경우에는 태평양 쪽에 전개 중인 미군 이지스함에 데이터를 제공하고 미군 이지스함이 이 데이터를 토대로 요격 미사일을 발사하여 표적을 파괴하도록 할 수 있다(원격발사: Launch on Remote). 이 경우, 미군 이지스함이 발사한 요격 미사일에 대한 관제 및 유도 기능을 어느 시점부터 일본 이지스함이 다시 이어받아 표적을 직접 파괴할 수도 있다(원격교전: Engage on Remote).[30] 이와 같이 데이터링크에 기초한 미일 양국 간의 합동작전은 일본의 집단적 자위권 행사가 허용되어야만 비로소 원활하게 이루어질 수 있다.

그러나 일본은 지금까지 집단적 자위권의 행사를 금지하는 헌법해석 때문에 미국과 전술 데이터를 공유하는 데 커다란 제약이 있었다. 예를 들어 A국이 미국을 향하여 발사한 탄도미사일을 일본 자위대가 탐지하여 미군에 데이터를 제공하고, 미군이 이 데이터를 기초로 요격 미사일을 발사하여 A국의 미사일을 파괴했다면 일본의 데이터 제공 행위는 헌법상 허용되지 않는 집단적 자위권의 행사에 해당하는 것으로 간주된다. 이 때문에 일본 정부는 자위대가 제공한 정보를 그대로 미군이 사용하는 것이 아니라 일단 제공받은 정보를 기초로 미군이 추가적인 데이터 처리를 한 후에 독자적인 판단에 따라 요격 미사일을 발사하는 경우에는 자위대의 정보 제공이 집단적 자위권의 행사에 해당되지 않는다는 복잡한 논리를 동원하지 않을 수 없었다.

---

30 能勢伸之, 『東アジアの軍事情勢はこれからどうなるのか』(東京: PHP研究所, 2015), pp. 80-85.

이러한 복잡성은 결과적으로 자위대가 집단적 자위권의 행사로 연결될 가능성을 우려하여 미군에 대해 적극적인 정보 제공을 꺼리는 결과를 초래할 수 있다. 집단적 자위권의 해금은 이러한 제약을 극복하고 자위대와 미군 사이에 보다 적극적인 정보교환과 합동작전이 가능하게 해주는 의미가 있다. 반드시 전시가 아니라 평시나 준전시 상황에서부터 미일 간에 제약 없는 전술 데이터의 교환과 공유가 가능해진다면 미일동맹의 억지력은 한층 강화되고 MD 분야에서 효율성의 제고로 연결될 것이다.

MD의 효과적인 활용을 위해서는 미국을 중심으로 하여 가급적 많은 동맹국 및 우호국의 요격 시스템을 동일한 데이터링크 시스템으로 연결하여 일원적 지휘체계 아래 통합적으로 운용할 필요가 있다. MD 분야를 중심으로 공통의 군사 데이터링크를 사용하여 국적과 관계없이 하나의 군사적 협력 네트워크를 형성하는 현상이 미국과 호주, 영국 등의 국가 간에 가시화되고 있는 것은 바로 이러한 배경 때문이다.

2015년 1월 현재 미국의 태평양 육군사령부의 두 명의 부사령관 가운데 한 명인 작전 담당 부사령관은 호주의 현역 육군소장이다. 호주 해군의 프리깃함 '시드니'가 2013년에 승무원과 함께 일시적으로 미 해군 제7함대에 편입되어 미군 이지스함과 함께 수상전투그룹(SAG)을 구성했다. '시드니'의 대잠수함전 담당 장교는 영국의 현역 해군소령이었다.[31] 또한 미 태평양 함대의 부지휘관이나 참모를 맡고 있는 호주 해군 장교들은 종래의 단순한 연락장교(LO)가 아니라 교환장교(EXO)

31 能勢伸之,『東アジアの軍事情勢はこれからどうなるのか』, pp. 119-120.

이다.[32] 이와 같이 미국과 동맹국 사이에 국경을 초월한 군사적 협력이 활발히 이루어지고 있다.

그리고 이제 일본도 집단적 자위권을 행사할 수 있게 되어 미군을 중심으로 한 전 세계적 네트워크에 더욱 적극적으로 편입하게 되었다. 한국의 경우에는 국방과학연구소가 개발한 한국형 합동 전술 데이터링크 시스템(JTDLS)이 미군의 링크 16과 상호운용이 가능하므로 이러한 군사적 협력 네트워크에 편입되는 데 있어서 기술적 제약은 없는 셈이다. 따라서 지금은 한국군과 자위대 사이에는 전술 데이터가 연결되어 있지 않지만, 언젠가는 미군을 중심으로 한 전 세계적 군사협력 네트워크 속에서 서로 연결될 가능성도 지적되고 있다.[33]

현재 한국은 북한의 미사일 위협에 대응하기 위하여 미국과는 구별되는 한국형 미사일방어체계(KAMD)와 킬체인(Kill Chain)을 토대로 미국의 MD 체계와 상호운용성을 강화하는 '동맹의 포괄적 미사일 대응 작전' 개념을 채택하고 있다.[34] 그러나 위와 같은 군사·기술적 측면을 고려할 때, 한국이 과연 미국을 중심으로 하여 일본까지 포함된 MD 협력 네트워크에 편입되지 않고 독자적인 입지를 계속 유지할 수 있을지 미지수이다.

---

32 冨澤暉, 『逆説の軍事学』(東京: basilico, 2015), p. 99.

33 加藤朗, 「軍事技術の発展の時点から捉えた集団的自衛権」, p. 283.

34 국방부, 『국방백서 2014』, pp. 57-59.

6. 한국의 외교안보적 대응

집단적 자위권의 해금과 안보법제의 정비에 의해 일본은 안보적 역할에 대한 제약에서 벗어나 '보통국가'로 거듭났다고 할 수 있다. 안보적 역할의 측면에서만 보자면 사실상 헌법 개정을 한 것이나 다름없다는 평가를 할 수 있을 것이다.

일본의 평화헌법 개정 문제, 다시 말해 헌법 제9조의 개정 문제의 핵심 논점은 ① 자위대의 존재 인정, ② 자위대의 해외 파병 허용, ③ 집단적 자위권의 해금이다. 이 가운데 ①에 관해서는 자위대가 이미 세계적 수준의 '군대'로서 존재하고 있기 때문에 헌법 개정은 이러한 현실을 법적으로 사후 인정하는 상징적인 의미가 있을 뿐이다. ②에 관해서도 이미 유엔 평화유지활동이나 테러와의 전쟁에 대한 지원 등 자위대의 해외 파병 활동이 일상화되고 있다.[35] 마지막으로 남아 있던 ③에 관해서 아베 정부의 집단적 자위권의 행사를 허용했기 때문에 사실상 헌법 개정이 이루어진 결과가 된 것이다.

일본 정부는 집단적 자위권의 행사가 전면적으로 허용된 것이 아니며 '신 3요건'이라는 매우 엄격한 조건하에서 제한적으로만 인정되고 있기 때문에 현행 헌법에 위배되지 않는다고 주장하고 있다. 일본 정부가 국제적인 집단안전보장 활동이나 다국적군에는 참여하지 않는다는 입장을 취하고 있으므로 집단적 자위권의 행사를 상당히 제한적인 범위로 한정하고 있는 것은 사실이다.

---

35 조세영, 『봉인을 떼려 하는가: 미일동맹을 중심으로 본 일본의 헌법개정 문제』(아침, 2004), p. 132.

그러나 적어도 한반도에 관하여 상정할 수 있는 사례에 있어서는 보통국가와 다름없는 지위를 확보했다고 할 수 있다. 일본 정부는 집단적 자위권의 행사를 '존립위기사태'에서만 인정하고 있는데, '존립위기사태'의 대부분은 한반도 유사시나 동아시아 지역차원의 위기 상황에서 상정될 수 있기 때문이다. '중요영향사태'가 일본 정부의 판단에 의해 '존립위기사태'로 전환될 가능성이 있듯이, '존립위기사태'가 일본이 직접 공격을 받은 '무력공격사태'로 비화될 가능성도 존재한다. 한반도 유사시에는 비록 한국이나 북한의 영역은 아니라고 하더라도 한반도 주변 영역에서 일본이 보통국가처럼 무력행사를 할 수 있게 되는 것이다.

따라서 한국의 안보정책에서 일본은 그동안 무시해도 좋은 존재였으나 이제는 일본을 중요한 변수의 하나로 생각하지 않으면 안 되게 되었다. "일본의 집단적 자위권의 행사가 평화헌법의 기본 정신을 견지하면서 과거사로부터 기인하는 주변국들의 의구심과 우려를 해소하는 방향으로 투명하게 추진되어야 한다"[36]는 총론적 입장 표명으로 대응할 수 있는 단계를 이미 지났으며, 구체적으로 어떠한 경우에 일본의 안보적 역할을 한국의 국익에 맞도록 활용할 것인지 각론적으로 검토해야 할 단계에 접어들었다고 할 수 있다.

일본의 집단적 자위권 행사 문제가 한국의 외교안보정책에 던져주는 어려움은 대북 억지력의 측면과 동아시아 안보의 측면에서 한국의 이익에 상반되는 효과를 가져 올 수 있다는 데 있다. 이는 동아시아에서 지정학적 입지와 중국의 역할에 대한 평가가 한일 간에 뚜렷한

[36] 2014년 7월 1일 외교부 대변인 성명.

차이가 난다는 사실에 기인하는 것이기도 하다. 한일 간의 이러한 차이는 간단히 해소될 수 있는 것이 아니며, 일본의 집단적 자위권의 행사와 안보적 역할의 확대가 한국의 안보정책에 가져오는 모순적 상황은 상당 기간 계속될 가능성이 있다.

이와 관련하여 일본의 집단적 자위권이 미일동맹의 틀 속에서 행사된다면 한국의 이익에도 부합할 것이라는 주장이 있으나, 대중 정책을 둘러싸고 한국과 미국-일본 사이에 온도 차가 있음을 감안할 때 미일동맹 차원의 결정이 한국의 이익과 배치될 가능성이 존재한다. 예를 들어 미일동맹 차원에서는 북한 및 중국의 미사일 위협에 대응하기 위하여 한국의 사드(THAAD) 배치와 한미일 3국 간의 MD 협력체제 구축을 선호할 것이나, 한중 협력이라는 측면까지 함께 고려해야 하는 한국의 입장에서는 이와는 다른 판단을 할 수 있다.

이는 결국 한미동맹의 성격과 역할을 규정하는 문제로 연결된다. 한미동맹이 한반도에서 북한의 위협에 대처하는 역할을 수행할 경우에는 한미 간에는 물론, 일본의 안보적 역할까지 포함하는 한미일 협력 차원에서도 큰 문제가 없을 수 있다. 그러나 한미동맹이 한반도를 넘어 동아시아 차원에서 역할을 하게 될 경우에는 중국 요인으로 인해 어려운 문제가 야기될 수 있다. 중국은 한미동맹이 한반도를 넘어 동아시아 지역으로 역할을 확대하여 중국을 견제하는 데 일익(一翼)을 담당하는 것을 좌시하지 않을 것이다. 중국은 한국에 대해 한미동맹이 한반도 유사시 이외의 상황에 적용되지 않을지 계속해서 확인하려 하고 있다.[37]

---

37 『朝日新聞』(2015. 12. 21).

현재 한국 정부는 한미동맹의 지리적 협력 범위가 동아시아로 확대되고 있다고 하면서, 재해 및 재난 복구와 인도주의적 지원 분야 협력, 아세안 확대 국방장관회의 등 지역안보협력의 강화를 구체적인 사례로 들고 있다.[38] 그러나 이러한 연성 안보 분야와는 달리 MD와 같은 보다 본격적인 안보 분야에서 한미동맹의 범위가 동아시아로 확대된다면 중국도 지금까지와는 다른 반응을 보일 것이다.

한국 정부는 한미동맹이 군사적 동맹을 넘어 가치동맹으로 발전하였으며, 안보협력을 넘어 포괄적 전략동맹으로 격상되었다고 강조하고 있다.[39] 또한 한미동맹은 동북아 지역의 평화, 안정의 핵심축(linchpin)을 넘어 범세계 문제 해결에 기여해 나가는 '글로벌 파트너십'으로 발전되었다고 설명하고 있다.[40] 그러나 이러한 한미동맹의 강화가 한중 협력관계와 조화를 이룰 수 있을지 낙관할 수 없다. 일본의 집단적 자위권 해금과 한일·한미일 안보협력의 강화도 이러한 조화와 균형을 더욱 어렵게 할 수 있다. 한반도를 넘어서는 한미동맹의 역할에 관하여 '글로벌 파트너십'이라는 이름으로 무조건 긍정적인 의미 부여만 할 것이 아니라, 동아시아 지역 차원의 역할과 그 파장에 대해서는 좀 더 심각하게 고민해 볼 필요가 있다.

미국과의 동맹이 갖는 역할과 지리적 범위에 대해서는 일본이 일찍부터 고민했었다. 미일안보조약은 미국이 일본에 대한 방위 의무를 지는 대신 일본은 미군에 대해 일본 내 기지를 제공하는 것을 기본 구조로 하고 있다. 일본이 미국에 대해 기지를 제공하는 것은 '극동' 지

38 국방부, 『국방백서 2014』, p. 107.

39 국방부, 『국방백서 2014』, p. 106.

40 외교부, 『외교백서 2015』, p. 53.

역의 유사시에 활동하는 미군을 지원하기 위한 것이다. 일본에서는 미군에 대한 기지 제공이 한반도나 대만 등 극동 지역의 분쟁에 일본이 연루되는 결과를 초래한다는 우려가 냉전 시기부터 국내적으로 활발한 논쟁의 대상이 되었었다. 냉전 종식 이후에는 자위대의 국제적 공헌 활동에 대한 미국의 적극적인 요청 속에서 미일동맹의 활동 범위가 미일안보조약에 규정된 '극동'의 범위를 넘어설 수 있는 것인지를 두고 논쟁이 벌어지기도 했다.

반면 한미상호방위조약은 태평양 지역에 관한 언급이 있기는 하나 기본적으로 지역적 차원보다는 한반도 유사시에 초점을 맞추고 있다. 대만에서 분쟁이 발생할 경우, 한국으로부터 주한미군이 현장에 투입된다고 하더라도 이는 육군 병력이 중심이 될 것이며, 주일미군의 해군 및 공군과 해병대가 모두 투입될 일본의 경우와는 큰 차이가 있다. 따라서 한미동맹과 관련하여 한반도를 넘어서는 동아시아 지역 차원의 군사적 협력에 대한 논의는 그리 활발하지 못했다.

2000년대에 들어서 주한미군의 전략적 유연성 문제가 대두되면서 비로소 동북아 지역에서 한미동맹의 역할에 대한 논쟁이 활발해졌고, 2006년 1월 한국은 주한미군의 전략적 유연성을 존중하되 미국은 한국 국민의 의지와 관계없이 한국이 동북아 지역분쟁에 개입되는 일은 없을 것이라는 한국의 입장을 존중한다는 내용으로 한미 간에 합의가 이루어졌다. 당시의 쟁점은 주로 대만 유사시를 상정한 것이었으며 동북아 지역을 염두에 둔 것이었다.[41]

그러나 지금은 미중 간의 잠재적 갈등이 동중국해와 남중국해로

41 이종석, 『칼날 위의 평화』(개마고원, 2014), pp. 155-169.

확대되었으며, 그동안 억제적인 안보정책을 유지하던 일본이 집단적 자위권의 해금을 통해 적극적인 군사적 역할을 추구하고 있으므로 한국의 입장에서도 동아시아라는 보다 넓은 지역에서의 한미동맹의 역할에 대해 고민해야 하는 상황이 되었다. 또한 단순히 주한미군기지에서 미군의 발진을 허용할 것인가 하는 문제를 넘어, 미군을 중심으로 일본 자위대까지 포함한 초국적 군사협력 네트워크 속에 한국이 어느 정도까지 편입되어 협조할 것인가를 생각하지 않을 수 없게 되었다. 이러한 상황에서 장차 동아시아 지역의 유사시에 미국이 한국에 대해 다양한 지원을 요청해 올 가능성이 높음에도 불구하고 한국의 정부와 전문가들 사이에서는 미중 간의 분쟁 발생 시 한국의 대응 문제를 둘러싼 논의가 별로 이루어지지 않고 있다는 지적[42]이 제기되고 있음에 유의할 필요가 있다.

한국이 일본의 집단적 자위권의 행사가 가져오는 긍정적 효과와 부정적 효과를 잘 분별하여 받아들이고, 대북 억지력 강화의 측면과 동아시아 안보의 측면을 구분하여 대응하기 위해서는 독자적이고 유연한 외교안보적 운신의 공간을 조금이라도 더 넓게 확보하는 노력이 필요하다.

이를 위해서는 한미동맹이 안보의 기축이라는 자세를 견지하면서도 미국에 대한 절대적 의존도를 가급적 줄여나가도록 해야 하며, 조건에 기초한 전시작전권의 전환 작업이 지연되지 않고 추진되도록 한국이 연합방위를 주도하기 위한 군사적 준비태세를 조속히 갖추어야 할 것이다.

---

42 『朝日新聞』(2015. 12. 21).

또한 북한에 대한 강력한 억지력을 유지하면서도 남북관계의 개선을 통해 한반도의 긴장을 완화시키고 평화를 정착시키기 위해 적극적으로 노력할 필요가 있다. 남북관계의 개선이야말로 일본의 집단적 자위권 행사와 한반도 문제에 대한 안보적 개입을 근원적으로 차단하는 첩경이라고 할 수 있다.

동아시아 안보에 대해서도 중국에 대한 억지력의 강화를 중심으로 발상하는 일본과는 달리, 한국은 대화와 협력을 중심으로 하는 발상을 강조해야 하며 동북아 및 동아시아 차원의 지역 협력을 강조함으로써 동아시아 안보를 위한 다자적 협력을 촉진해야 할 것이다. 그렇게 함으로써 중국과 미일동맹이 갈등하는 상황에 한국이 연루될 소지를 줄여 나갈 필요가 있다.

일본의 집단적 자위권 문제에 대한 대응은 한일관계의 차원이나 대북 억지력의 차원에서 평면적으로만 접근해서는 안 되며, 동아시아 전체를 조망하는 한국의 외교안보정책의 차원에서 입체적으로 접근해야 할 것이다.

참고문헌

국방부. 2014.『국방백서 2014』.

외교부. 2015.『외교백서 2015』.

이종석. 2014.『칼날 위의 평화』. 개마고원.

조세영. 2004.『봉인을 떼려 하는가: 미일동맹을 중심으로 본 일본의 헌법개정 문제』. 아침.

加藤朗. 2015.「軍事技術の発展の時点から捉えた集団的自衛権」.『新自衛隊論』. 東京: 講談社.

宮本雄二. 2015.「中国の将来と日中関係」.『アジア時報』2015年 11月号. 東京: アジア調査会.

能勢伸之. 2015.『東アジアの軍事情勢はこれからどうなるのか』. 東京: PHP研究所.

柳澤協二. 2015.「15事例の分析と軍事的政治的リアリティ」.『新自衛隊論』. 東京: 講談社.

毛利和子. 2015.「日中関係 対抗から対話へ」.『外交』Vol. 33. 東京: 都市出版.

牧野愛博. 2015.「일본의 안보정책의 변화와 동아시아」. 동서대일본연구센터 · 한일협력위원회 공동주최 한일관계 국제심포지엄 자료집.

防衛省. 2015.『防衛白書 2015』. 東京: 防衛省.

冨澤暉. 2015.『逆説の軍事学』. 東京: basilico.

森本敏. 2015.「日米防衛協力ガイドライン見直しの射程」.『外交』Vol. 33. 東京: 都市出版.

植木千可子. 2015.『平和のための戦争論』. 東京: 筑摩書房.

川島真. 2015.「日中関係はどう進むのか」.『東亜』2016年 1月号. 東京: 霞山会.

Dulles, John Foster. 1952. "Security in the Pacific." *Foreign Affairs*, January.

찾아보기

Abstract

The Collective Self-Defense Right of Japan and the Korean Peninsula

Edited by Park, Cheol Hee(Professor, Seoul National University)

This volume elucidates the implications of the Abe cabinet's decision to exercise the right of collective self-defense in the context of regional and international politics. The six chapters collected here have been developed as part of a research project designed by the Institute for Japanese Studies, Seoul National University. The contributors focus on three central themes.

First, the authors intend to understand Japan's right of collective self-defense within a larger framework of regional and international strategies, Chapters 1 and 2 explain the right of collective self-defense with regards to the US-Japan alliance and the changes in regional security threats perceived by Japan.

Second, this volume aims at offering a complex and nuanced understanding of the exercise of the right of collective self-defense in terms of changes in Japan's defense strategy. Chapter 3 attempts a comprehensive and multifaceted analysis on the new security legislations in the process of introducing the right of collective self-defense. Chapter 4 explores the continuities and discontinuities in Japan's domestic debates on the right of collective self-defense by scrutinizing the past and present contentions on the issue.

Third, the contributors strive to figure out how Korea should respond to Japan's exercise of the right of collective self-defense. Chapter 5 concerns a new way of creating a virtuous cycle for the US-Japan alliance and the US-ROK alliance in the matrix of alliance transformation. Chapter 6 deals with how we should reformulate Korea's foreign and security strategies in response to Japan's reconfiguration of defense policy.

These discussions will reveal the undisclosed characteristics of policy changes currently underway in Japan. I expect that this volume will contribute to addressing regional issues that may be ignited by the exercise of the right of collective self-defense and to figuring out a realistic picture of current Japanese defense policy change.

저자 소개(가나다순)

박영준(Park, Young-June)

서울대학교 외교학과 석사 학위 및 일본 도쿄대학교 국제정치학 박사 학위를 취득했다. 한국국제정치학회 안보국방분과위원장, 한국정치학회 한일학술교류위원장 등의 학회활동을 하였고, 현재 국방대학교 안보대학원 교수로 재직 중이다. 연구분야는 일본 정치외교, 동북아 국제관계, 국제안보 등이다. 최근 출판물로는 『해군의 탄생과 근대일본』(2014), 『동아시아 세력전이와 일본 대외전략의 변화』(2014, 공저) 등이 있다.

봉영식(Bong, Young-shik)

미국 윌리엄스칼리지 정치학과(2005~2007)와 아메리칸대학교(2007~2010) 조교수를 역임하고 현재 아산정책연구원에서 연구위원(외교안보)으로 재직 중(2011~2016)이다. 연세대학교 정치외교학과를 졸업 후 펜실베이니아대학교에서 정치학 석사 및 박사 학위를 취득하였고, 웰즐리대학교 정치학과에서 박사 후(後) 연구자로 재직하였다. 연구분야는 동아시아 지역안보, 역사영토문제, 한국정치, 북한 등이다. 최근 출판물로는 *Japan in Crisis: What It Will Take for Japan to Rise Again?*(2013, 공편)과 "The U. S.-South Korea Alliance: Local, Regional, and Global Dimensions," *Asian Politics & Policy*(Vol. 8, No. 1, January 2016)가 있다.

송화섭(Song, Wha-Sup)

일본 도쿄대학교 국제정치학 박사를 수료한 뒤 현재 한국국방연구원 안보전략연구센터 책임연구위원으로 재직 중이다. 최근 논문과 출판물로는 「일본의 군사전략과 군사력 증강 추세」(『Jpi정책포럼』 제1호, 2010), 『일본 민주당 정부의 외교·안보정책 전망 및 대응방안』(한국국방연구원, 2011, 공저) 등이 있다.

이기태(Lee, Ki-Tae)

일본 게이오대학교에서 정치학 박사를 취득한 뒤 현재 통일연구원 부연구위원으로 재직 중이다. 연구분야는 일본 안보정책, 동아시아 국제관계 등이다. 최근 출판물로는 『일본 민주당 정권의 탄생과 붕괴: 대내외정책 분석을 중심으로』(오름, 2014, 공저), 『동아시아 세력전이와 일본 대외전략의 변화』(동아시아재단, 2014, 공저) 등이 있다.

임재환(Lim, Jae-Hwan)

일본 도쿄대학교 법학·정치학 연구과 석사 및 박사 학위를 취득하고, 일본 아오야마가쿠인대학 국제정치경제학부 교수로 재직 중이다. 연구분야는 중국 정치, 비교 정치학 등이다. 최근 출판물로는 『人民解放軍と中国政治』(2014)가 있다.

조세영(Cho, Sei-Young)

고려대학교 법학부를 졸업하고 외교통상부 동북아통상과장 및 동북아국장을 역임한 뒤 현재 동서대학교 국제학부 특임교수로 재직 중이다. 연구분야는 국제관계, 동북아외교, 한일관계, 일본정치외교 등이다. 최근 출판물로는 『한일관계 50년, 갈등과 협력의 발자취』(대한민국역사박물관, 2014), 「한일관계 50년의 분석과 대일외교의 과제」(『외교』 제113호, 2015) 등이 있다.